英語訳付き

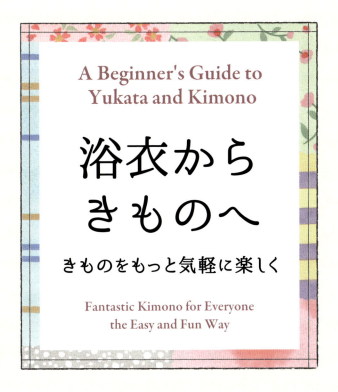

A Beginner's Guide to Yukata and Kimono

浴衣から
きものへ

きものをもっと気軽に楽しく

Fantastic Kimono for Everyone
the Easy and Fun Way

著●二階堂永子　Eiko Nikaido

あっぷる出版社

[目 次]

04　はじめに
06　きものと帯の名称
　　Names of Kimono and Obi parts

■ 序章　浴衣を着る　*Let's enjoy wearing a Yukata!*

10　浴衣を着てみましょう
　　Let's enjoy wearing a Yukata!

浴衣の着付け　　　　　　　　　　11
How to put on a Yukata

半幅帯の基本　文庫結び　　　　　16
Tying a Bunko-bow

● 浴衣ミニ知識　　　　　　　　　20

■ 第1章　きものを着る　*Let's enjoy wearing Kimono!*

22　きものを着る前の準備
　　Preparations

足袋をはく　　　　　　　　　　　24
Putting on a Tabi

下着を付ける　　　　　　　　　　25
Putting on a Susoyoke and a Hadajuban

長襦袢を着る　　　　　　　　　　27
Putting on a Nagajuban

● 下着と長襦袢、もっと簡単に！　30
● きものの良いところ　　　　　　32

33　きものを着る
　　How to put on a Kimono

きものの着付け　　　　　　　　　33
Putting on a Kimono

● 留学生にきもの体験を！　　　　40

第2章　帯を結ぶ
Let's try tying an Obi

42　名古屋帯のお太鼓結び（一重太鼓）
Otaiko (Drum bow) -Nagoya obi-

通常の結び方　　　　　　　　　42
The common way to tie Otaiko

もっと簡単に結ぶ　　　　　　　49
The easy way to tie Otaiko

帯締めを結ぶ　　　　　　　　　54
Tying an Obijime

帯揚げを結ぶ　　　　　　　　　56
Tying an Obiage

● 悠遊名古屋帯と悠遊帯とは？　　58

59　悠遊帯を使って
Various Knots -Yuyu obi-

悠遊帯でそよかぜを結ぶ　　　　59
Tying Soyokaze (a gentle wind) with Yuyu-obi

悠遊帯で角出し風の結び方　　　66
Tying Tsunodashi (horns sticking out) with Yuyu-obi

● きものを手に入れる　　　　　70
● 着付けを習う　　　　　　　　74
● きものを着て出かける　　　　76

第3章　きものの知識
Kimono Knowledge

きものの素材　　　　　　　　　78
染めのきもの　　　　　　　　　82
織りのきもの　　　　　　　　　86
全国のおもな染織品　　　　　　92
季節のコーディネイト　　　　　94
● 帯留の楽しみ　　　　　　　100
きものの選び方　　　　　　　102
● 着付け教室にて　　　　　　106
きものの手入れ　　　　　　　107
きもののたたみ方　　　　　　108

110　おわりに

～ はじめに ～

　毎年夏になると、多くの女性が浴衣で楽しんでいる姿を見かけます。しかし、秋になると、ぱったりときもの姿は少なくなります。それは何故だろうと疑問に思い、何人かの若い女性に、きものを着ることにどんなイメージがあるのか、たずねてみました。以下がそれに対する反応です。

- きものの着付けは、下着や長襦袢があり、浴衣より面倒ではないですか？
- 半幅帯は浴衣以外にも使えますか？
- 名古屋帯をきれいに結ぶのはなかなか難しいと聞いています。
- きものを一式そろえると、どのくらいかかるのでしょうか？
- 着付け教室は流派も多く、選ぶのに迷います。
- 花火や夏祭りのような、きものを着ていくイベントが夏以外にもありますか？
- きものの知識がないと自分で選べないし、やはりちょっと躊躇してしまいます。

　これを見ると、きものを着ることは、浴衣よりずっと大変だというイメージがあるようで、これらをクリアしなければ、きものには踏み込めないと思われているようです。しかし、きもの姿には洋服にはない美しさがあり、かっこよく着こなしている人を見ると羨ましく、自分も着てみたいという声があるのも事実です。結婚式やお茶会など特別な場合だけではなく、街着として普段に気楽に着たいという声もよく聞きます。
　そこで、長年きものの着付けに関わってきた者として、またきものに魅せられた者として、きもの＝大変そう、というイメージを払拭して、初心者でも気軽にきものを着ることができるような工夫をご紹介しようと思い、この本の執筆を思い立ちました。

・・・

　私の父は仕事から帰るといつもきものに着替えていました。母も外出するときは、よくきものを着ていて、手際よく、帯をスルスルっと巻きつける姿は、まるで手品を見ているようでした。私は、小さい頃

より両親のきもの姿を見て育ったのです。

　背筋を伸ばし、どこかキリッとしたたたずまいには優しさもあり、私は二人のきもの姿が大好きでした。そして、沢山ではありませんが親から譲り受けたきものや帯は、かけがえのない思い出とともに今も身に付けています。そして自分で購入したきものや帯にも、同じように出合いや思い出があり、人生とも交差しながら年月を重ねてきました。

・・・

　もっと多くの人にきものを身近なものとして、日々の暮らしのなかで楽しんでほしい、これが私の願いです。みなさんの、きものを着てみたいという思いをこの本で叶えていただけたら、これ以上の喜びはありません。

　またこの本は、外国の方にも読んでいただけるように、着付けについては英文も併記いたしました。ひとりでも多くの方に、きものの魅力が伝わることを願っています。

Tailoring a Kimono

1. Kimonos are made from a single bolt of Kimono fabric called a Tanmono.
   A standard size of Tanmono is about 12-13 m long and 36 cm wide.
   Most Kimono is made of silk.

2. Kimono is hand-sewn by kimono seamstresses on an individual order basis.
   Some kimonos are machine-sewn to lower the sewing fee.
   Ready-to-wear kimonos are available at reasonable prices.

3. People wear different types of Kimono according to the season;
   Awase lined kimono from October until May,
   Hitoe unlined kimono in June and September, and
   Usumono kimono, made of cool see-through fabrics, in July and August.

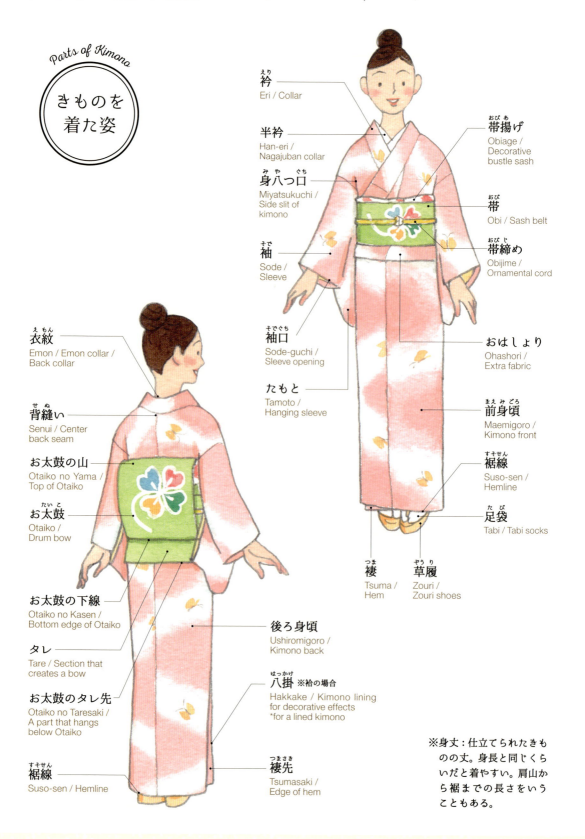

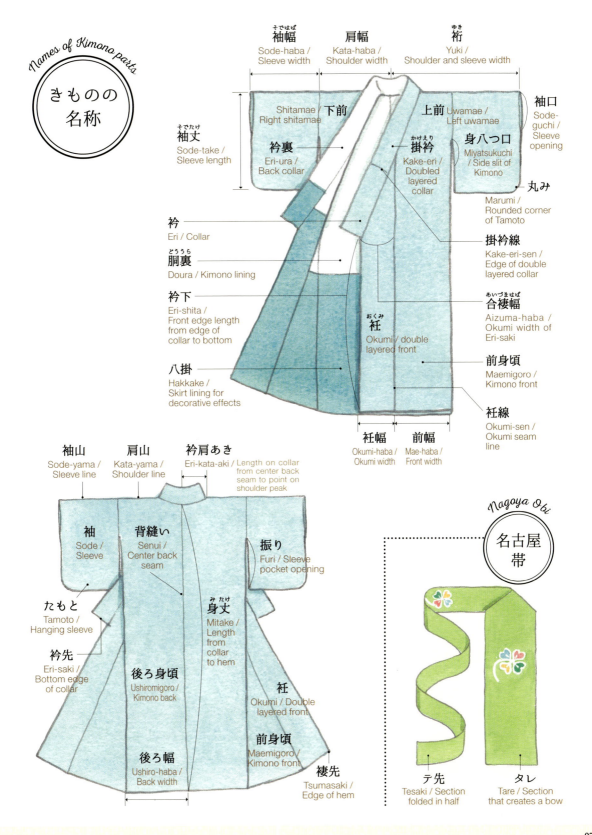

Here are some tips:

- Set your hair and makeup before wearing yukata or kimono

- Always wear the left side on top. The reverse is for a dead person.

浴衣ときものを着たときのふるまい

- 歩くときは、洋服のときのように外またにならないように、ひざを少し内側に向けて。手も大きく振らずに、動作を小さくするときれいです。

- 物を取ったり、つり革につかまるときは、片方の手で軽く袖口を押さえて、二の腕が出ないようにしましょう。

- 浴衣は爽やかさがポイント。髪を小さくまとめ、メイクも薄くした方が浴衣姿が引き立ちます。

序章

浴衣を着る

Let's enjoy wearing a Yukata!

浴衣を着てみましょう

浴衣ときものの着付けには共通したコツがあります。
浴衣をきちんと着ることができれば、きものを着るときにも役立ちます。
まずは浴衣の着付けをマスターしましょう。

準備するもの
Required items

浴衣〈Yukata〉

半幅帯〈Hanhaba obi〉

きものスリップ〈Kimono slip〉
＊肌襦袢(→p22)とステテコでも代用可。

補正用のタオル〈Towel〉

腰ひも(2〜3本)〈2-3 koshihimo sacks〉

伊達締め〈Datejime belt〉

クリップ〈Kimono clip〉

帯板〈Obiita〉

下駄〈Geta〉

浴衣の着付け
How to put on a Yukata

浴衣はきれいに、
涼しげに着たいものです。
ちょっとした工夫で、着心地もよく、
見た目も爽やかな印象になります。

浴衣を着る

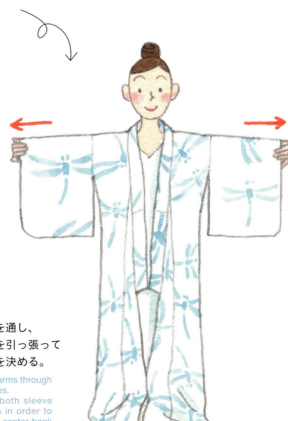

1. きものスリップ
（または肌襦袢とステテコ）を
着て、必要ならタオルで
ウエスト部分を補正する。
浴衣を背中から羽織り、
肩先に掛ける。

Put on the kimono slip (or Hada-juban and Steteko pants).
If you're busty or thin, wrap a face towel around your waist to make a tube shape. (body shape correction)
Put on the yukata over the shoulder.

2. 袖に手を通し、
両袖口を引っ張って
背中心を決める。

Put your arms through the sleeves.
Pull the both sleeve openings in order to place the center back seam in the middle.

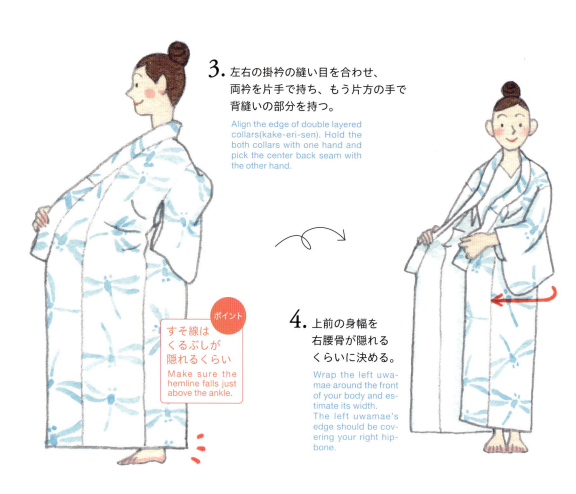

3. 左右の掛衿の縫い目を合わせ、両衿を片手で持ち、もう片方の手で背縫いの部分を持つ。

Align the edge of double layered collars(kake-eri-sen). Hold the both collars with one hand and pick the center back seam with the other hand.

ポイント すそ線はくるぶしが隠れるくらい
Make sure the hemline falls just above the ankle.

4. 上前の身幅を右腰骨が隠れるくらいに決める。

Wrap the left uwamae around the front of your body and estimate its width. The left uwamae's edge should be covering your right hipbone.

5. 上前を戻して、下前を左腰に巻きつける。

Open up the left uwamae and wrap the right shitamae around the front of your body.

ポイント すそ先を7〜8cm上げる
Lift the hem corner about 7-8cm.

ポイント すそ先を3〜4cm上げる
Lift the hem corner about 3-4cm.

6. 腰まわりをゆるめないようにして、上前を重ねる。

Keep holding the right shitamae in place and wrap the left uwamae.

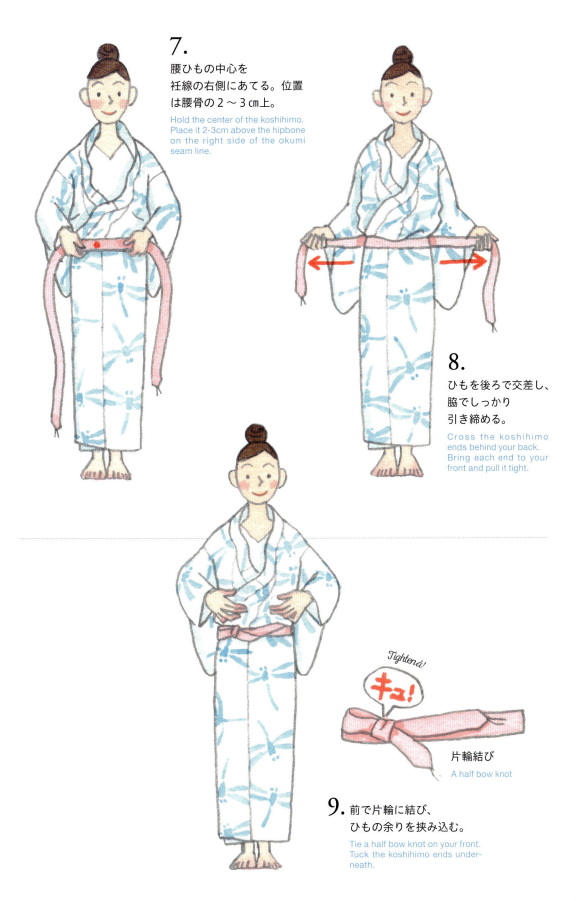

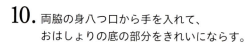

10. 両脇の身八つ口から手を入れて、おはしょりの底の部分をきれいにならす。

Put your arms through the side slits (miyatsukuchi). Smooth out the extra fabric (ohashori) on your front.

11.
手の甲を内側にして、後ろのおはしょりも同じように整える。

Smooth out the extra fabric (ohashori) on your back as well.

12.
掛衿を顔の中心でそろえ、背中心を持って下に引き、衣紋を少し抜く。

Align the kake-eri collars at the center of your body.
Hold the collars with one hand and pick the center back seam with the other hand.
Pull the center back seam in order to make a little space between the emon collar and your neck.

13.
のどのくぼみが少し出るように左右の衿を合わせ、胸ひもをバストの下の位置にあてる。

The cross section of the collars should come to just below the hollow of your throat. Adjust the both collars to the right position. Stretch the koshihimo across your chest and slide it down to below your chest.

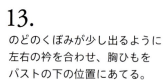

14.

腰ひもと同じように
結ぶ。または交差させて
二度からげてもいい。

Tie a half bow knot on your front and tuck the koshihimo ends underneath.

15. おはしょりの
だぶつきを整える。

Smooth out and flatten the extra fabric (ohashori).

16. 脇を左右に引いて
背中のたるみをとる。
おはしょりは下に引く。

Remove wrinkles on your back by smoothing out the excess fabric to the both sides and pulling them down.

17. 伊達締めを締めて
（⇨ P.38）できあがり。

Tie the datejime belt. See the datejime instructions at page 38. You are ready to tie an obi!

半幅帯の基本
文庫結び
Tying a Bunko-bow

一般的に浴衣には半幅帯を結びます。
なかでも文庫結びはいちばん基本的な形で、
きものにも結べます。

The basic Hanhaba Obi knot

1. 手先を肩幅よりやや広く取り、目印にクリップをとめる。帯結びでは、お太鼓や文庫になる部分を「タレ」、その反対側を「テ先」という。

Measure the Tesaki.
The Tesaki length should be about the same as your shoulder width plus some extra.
Put the kimono clip at the measured point.
The Tare is the longer part which creates the bow.
The other side is the Tesaki.

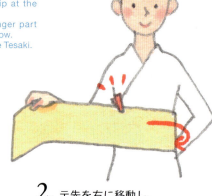

2. テ先を右に移動し、クリップで衿にとめる。

Shift the Tesaki position to the right. With the Tesaki length keeping intact, bind the obi and the collar together with the kimono clip.

3. タレの方を二回巻く。ひと巻きするごとに帯の下側をギュッと締める。

Wrap the Tare twice around your waist. Pull the lower edges of the obi tight every time after wrapping.

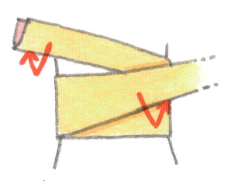

4. タレを斜めに折り上げ、テ先を半分に折る。

Fold the Tesaki up in half.
Fold the Tare up diagonally.

浴衣を着る

5. テ先を上、タレを下にして交差させ、テ先をタレの下からくぐらせてひと結びする。

Cross the Tesaki over the Tare.
Bring the Tesaki around underneath the Tare.

6. ギュッとしっかり結び、テ先は左肩にあずけておく。

Pull both ends tight in opposite directions. Leave the Tesaki on your left shoulder.

7. タレを結び目の根元から折り返して羽根を作っていく。

Make the loops. Fold the Tare inward to create a bow called Hane wing. Start folding Hane wing near the knot.

8. 羽根は肩幅くらいの長さを折りたたみ、余ったタレ先は内側に折る。

The Hane wing should be about the same as your shoulder width. Fold the excess Tare inside.

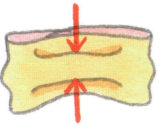

9. 帯の中央をつまむようにして山を作り、上下を折り上げてひだを作る。

Push up the middle of the Hane wing and make folds.

14. 羽根をおろし、形を整える。
Bring the Hane wings down. Adjust the proportions.

15. 形が崩れないように帯の左側の上下を持って、右回りでぐるりと羽根を背に回す。
Hold the top and bottom of the obi on your left with both hands.
Rotate the whole obi to the right until the bow is at the center of your back.

16. 帯板をひと巻き目とふた巻き目の間に入れる。
Insert the obiita between the first and second obi loop.

17. 完成
All set!

バリエーション
Different varieties

羽根の長さを身幅より長くとる。

羽根の左右の長さを変えると「片流し」という結び方に。

浴衣を着る

【浴衣ミニ知識】

浴衣の生地

浴衣には、手ぬぐいのような平織りの綿コーマ、絽目を織り出して透け感のある綿絽、格子状に凸凹を織り出した綿紅梅（めんこうばい ふし）、節のある木綿糸を使った綿紬（めんつむぎ）、麻と交えて織った綿麻など、木綿を基本としたさまざまな素材があります。

綿コーマはいちばんよく目にする、浴衣らしい生地です。カジュアルな印象で、花火やお祭りなどで気軽に楽しめます。綿絽や綿紅梅は、半衿をつけた襦袢とあわせて夏きものとして着ることができます。綿麻は麻の通気性が加わることで涼しい着心地となりますが、その分シワになりやすい素材でもあります。

浴衣は素材によって着心地も着こなしも変わってきます。浴衣を選ぶときは、色や柄だけでなく素材にも注目してみましょう。

綿絽の浴衣生地

浴衣の染め技法

浴衣を染める技法で最も一般的なのが注染（ちゅうせん）です。特殊な糊で防染して重ねた生地の上から染料を注いで模様を染める型染の一種です。裏表なく染まるのが特徴で、浴衣以外に手ぬぐいや布巾（ふきん）などにも用いられています。

江戸時代から続く伝統的な技法に長板中形（ながいたちゅうがた）があります。長さ約6m50cmの長い板に生地を張り、中形と呼ばれる型紙を用いて裏表の両面に糊を置き、藍で染め上げます。裏と表で柄がぴったり合わさっていて、熟練した技が必要です。

また絞り染めの技法を用いた浴衣もあります。絞り染めは布を糸でつまんだり、縫い締めたりして防染し、染め上げる方法で、愛知県の有松・鳴海絞が有名です。有松・鳴海絞は絞りの模様が多彩で、縫絞（ぬいしぼり）、三浦絞、蜘蛛絞（くもしぼり）、雪花絞（せっかしぼり）など軽く百種を超える手法があるとされます。絞りの浴衣は生地の表面に絞りの凸凹ができるので肌に張り付かず、涼しいのが特徴です。

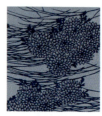
長板中形

絞り

有松・鳴海絞（蜘蛛絞）

有松・鳴海絞（縫絞）

有松・鳴海絞（日の出）

Let's enjoy wearing a Kimono!

第 1 章

きものを着る

/ Preparations /

きものを着る前の**準備**

きものを着るために必要なものをそろえ、下着や足袋を身に付けましょう。

準備するもの
Required items

● **下着と補正**
Underwear and items for body shape correction

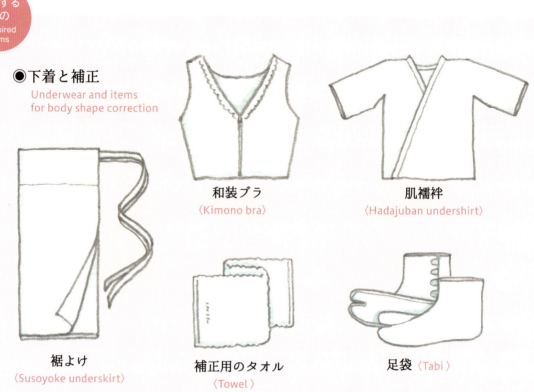

和装ブラ
〈Kimono bra〉

肌襦袢
〈Hadajuban undershirt〉

裾よけ
〈Susoyoke underskirt〉

補正用のタオル
〈Towel〉

足袋 〈Tabi〉

● **小物類** Kimono accessories

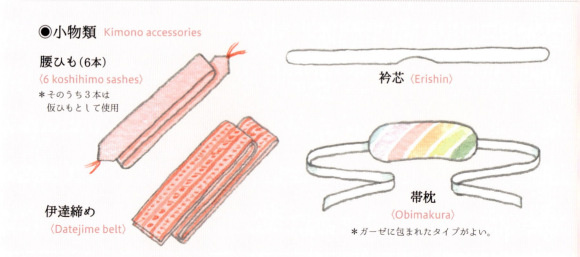

腰ひも（6本）
〈6 koshihimo sashes〉
＊そのうち3本は
　仮ひもとして使用

伊達締め
〈Datejime belt〉

衿芯 〈Erishin〉

帯枕
〈Obimakura〉
＊ガーゼに包まれたタイプがよい。

きものの入手方法は70ページへ

きものを着る

●きもの・帯 Kimono and Obi

長襦袢 〈Nagajuban〉

名古屋帯 〈Nagoya Obi〉

きもの 〈Kimono〉

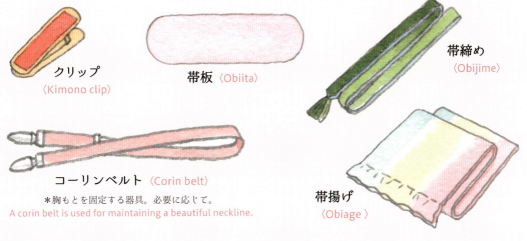

クリップ 〈Kimono clip〉

帯板 〈Obiita〉

帯締め 〈Obijime〉

コーリンベルト 〈Corin belt〉

＊胸もとを固定する器具。必要に応じて。
A corin belt is used for maintaining a beautiful neckline.

帯揚げ 〈Obiage〉

足袋をはく
Putting on a Tabi

浴衣は素足ですが、きものには足袋をはきます。白の綿ブロードで、四枚こはぜのものが一般的です。

1. 足袋のはき口をひっくり返して、はきやすくしておく。

Fold the flap back and turn the tabi inside out in order to slide your foot into it easily.

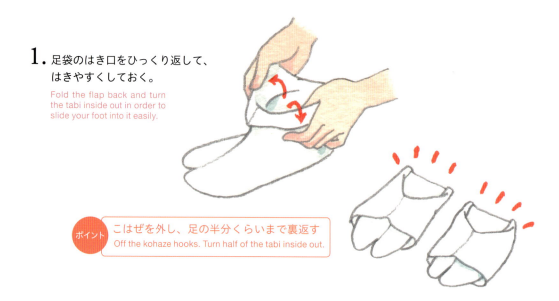

ポイント こはぜを外し、足の半分くらいまで裏返す
Off the kohaze hooks. Turn half of the tabi inside out.

2. 腰をおろして、つま先まできっちりと足を入れる。ひっくり返しておいた部分を戻しながら、かかとまで入れる。

Sit on a chair. Slide your foot into the tabi and pull the half wrapped part back to the heel.

3. こはぜを下から留めていく。

Fasten the kohaze hooks from the bottom.

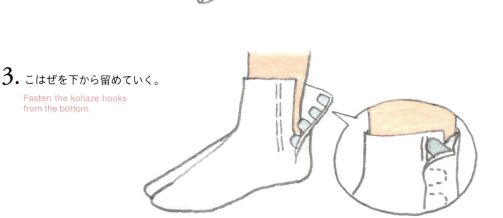

下着を付ける
Putting on the Susoyoke and a Hadajuban

裾よけや肌襦袢などを
きちんと付けると着姿も美しくなり、
補正も最小限ですみます。

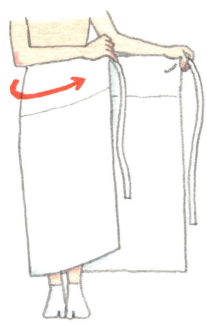

1. 裾よけは腰にしっかりあて、裾線が足首より上にくるように下前（右側）を巻く。このとき裾先を少し斜めに引き上げる。

Wrap the right shitamae of susoyoke around your waist. Lift the hem corner a little. Make sure the hemline falls above the ankle.

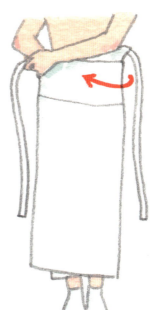

2. 上前（左側）も同じように裾先を少し上げて体に巻きつける。

Wrap the left uwamae around your waist. Lift the hem corner a little.

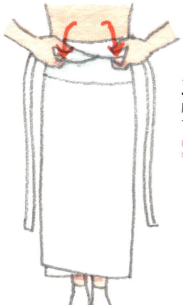

3. 腰上の余りの部分を下に折りさげる。

Fold down the excess susoyoke above your belly.

4. 両ひもを前に回して軽く引き締め、リボン結びする。ひもが余ったら胴に巻いた部分に入れこむ。

Cross the susoyoke strings ends behind your back. Bring each end to your front and pull both ends tight. Tie a bow on your front. If the string is too long, tuck them underneath of the fabric.

5.
和装ブラをつけ、下前、上前の順で肌襦袢を着る。衿合わせはややゆったりとさせておく。

Put on the kimono bra. Put on the hadajuban undershirt. Wrap the right shitamae first, then the left uwamae. Let the hadajuban loose.

6.
長襦袢を着たときに見えないように、後ろ身頃を下に引いて衿を抜く。

Pull the back of hadajuban down so that the underwear collar comes to be lower than the nagajuban collar.

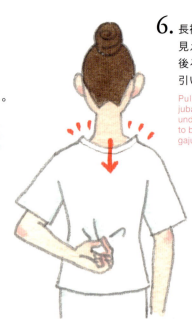

7.
できあがり。肌襦袢は布と布がなじみやすい素材なのでひもは不要。

No strings required for the hadajuban because cotton stay easily in the layer.

8.
補正のタオルをウエストに巻き、ひもで押さえる。必要に応じて胸元にも補正をする（なるべく薄手のタオルを半分に切って使用）。

If you're busty or thin, wrap a face towel and tie the koshihimo around your waist to make a tube shape. (body shape correction)
Apply small and thin towels around your neckline if necessary.

長襦袢を着る
Putting on a Nagajuban

足袋と下着を身に付けたら長襦袢を着ます。
長襦袢はきものを着るためのベースとなるもので、
着姿を美しくするにはその着付けが大切です。

きものを着る

1. 長襦袢の半衿の内側に衿芯を入れておく。衿を持って後ろで広げ、肩に掛ける。

   Slide the erishin into the nagajuban. Hold the collar and open the nagajuban on the back of your body. Hang the nagajuban over the shoulder.

2. 片方ずつ袖に手を通す。

   Put your arms into sleeves one at a time.

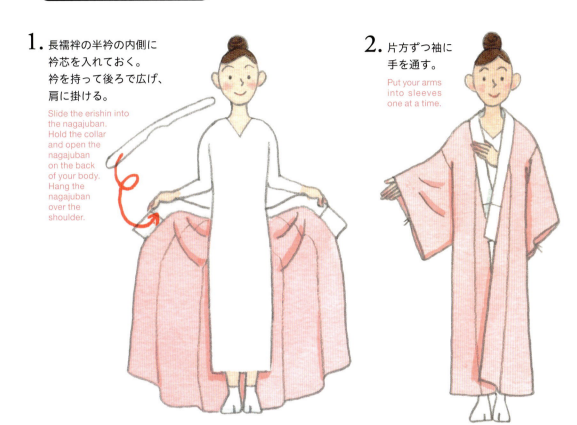

3. 体の正面で左右の衿先をそろえる。

   Align the bottom edge of collars(eri-saki) at the center of your body.

4. 背縫いの部分を下に引き、衣紋をこぶしひとつ分抜く。

   Hold the collars with one hand and pick the center back seam with the other hand. Pull the center back seam down in order to make a fist-size gap between the emon collar and your neck.

27

5. のどのくぼみで衿が合わさるように下前（右側の衿）を、バストの上側を通るように持っていく。

The cross section of the collars should come to just below the hollow of your throat. Slide the right shitamae collar along the upper side of your chest and adjust the collar to the right position.

6. 上前も同じように交差させておく。

Likewise, slide and adjust the left uwamae collar.

7. 胸ひもの中心を持ち、上前のバストの位置にあてる。

Hold the center of the koshihimo and place it on your right chest.

\衿の深さで印象が変わります/

衿のV字を詰め気味にすると若々しい印象。

A shallower neckline gives an impression of youth.

衿のV字をシャープにすると粋で大人っぽくなる。

A deeper neckline creates an elegant and chic impression.

8. ひもを左脇まで
持っていき、下におろす。

Stretch the koshihimo across your chest and slide it down to below your chest.

9. 背中で左右を
交差させて
キュッと締める。

Cross the ends behind your back and tighten it.

10. ひもを前に回して交差させ、
ひもの端をからげる。

Bring the ends to your front.
Twist the both ends and pull completely in the opposite direction. Tuck the ends underneath.

11. 脇を左右、上下に
引いて背中のしわと
たるみをとる。

Remove wrinkles on your back by smoothing out the excess fabric to the both sides and pulling them down.

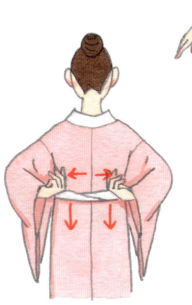

12. 伊達締めを締めて
（⇨ P.38）できあがり。

Tie the datejime belt. See the datejime instructions at page 38.
Good job!

きものを着る

下着と長襦袢、もっと簡単に！

下着はこれひとつでOK

下着の数をなるべく少なくできるように、
和装ブラ、肌襦袢、裾よけの機能をひとつにした
ブラ付きスリップを考案しました。
見た目も美しく、絹の肌触りが快適な下着です。

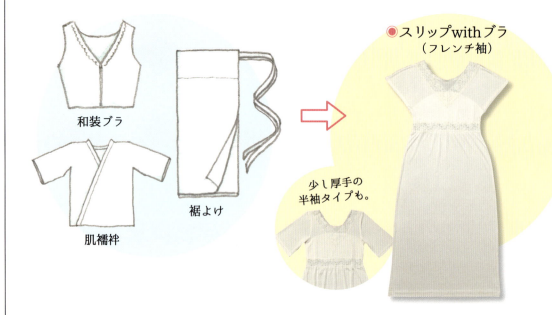

● スリップwithブラ
（フレンチ袖）

少し厚手の
半袖タイプも。

和装ブラ

肌襦袢

裾よけ

ウエストの補正も美しく

ウエストの補正のためのパッドも作りました。
これを使えばタオルやひもがいりません。

● ウエストパッド

総レースのウエストパッドはフリーサイズ。
自分のサイズにマジックテープでとめる。

● キルト芯

パッドのなかに入れるキルト芯は出し入れ自由なので、
必要に応じて足すことも減らすことも可能。

特別仕立てのLib長襦袢

胸ひも、伊達締め、補正の機能を備えた
正絹の長襦袢を、着る人のサイズで仕立てます。

半衿にはマジックテープを使用して、
半衿付けの手間を削減。
胸ひも、伊達締め、補正パッド
必要なものをオプションで付けられる。

●Lib長襦袢

●補正ポケット

●補正パット

胸元に付けた補正ポケットに補正パットが入る。

「きものシステム下着」として特許を取得

　ここでご紹介した、スリップwithブラ、ウエストパッド、Lib長襦袢をまとめて、2003年に「きものシステム下着」として特許を取得しました（特許第4160526号）。
　特許は取れたものの、それを実用化するのは大変でした。機能性に優れ、着心地がよいことはもちろん、人目にふれない下着であっても美しいものが作りたかったからです。スリップwithブラとウエストパッドは、中国浙江省にある会社にお願いできました。自社製糸工場を持っていて糸から作るので割安で、少量の注文から受けてくださるのでありがたかったです。光沢があり、しなやかで、自分で洗える、イメージ通りの絹の下着を手にしたときは、思わず「やったね！」のポーズが……。
　Lib長襦袢は、生地の柄をデザインし、色も3パターン考えました。作ってもらえそうな産地を探すために、小松綸子の組合に電話で聞いたところ、「うちでやりましょう」と言ってくださり、これも大変嬉しいことでした。仕立ては知り合いの和裁士さんにお願いしています。お問い合わせは、きものLib（http://www.kimonolib.com）まで。

きものの良いところ

日本の気候に合わせた形

　きものの形は、日本の高温多湿の気候に合わせて考えられています。衣紋の抜きや、身八つ口、袖、裾などから空気が自由に入ることで、夏も思ったより涼しく過ごせます。

解けば元の反物に

　きものは、幅36～38cm、長さ12～13mの反物を直線に裁ち、同じスタイルに仕立てているので、親や知り合いから譲られたきものを、体型に多少の違いがあってもそのまま着ることができます。

　そして直線裁ちのきものは、解けば元の反物に戻ります。古いきものの八掛の色を変えて仕立て直せば、同じきものでも趣の違う一枚に生まれ変わって、新鮮です。私も両親、義母、叔母などから譲り受けたきものを仕立て直して着ていますし、きものにできないものは羽織や道行コート、帯、替袖・半衿などさまざまに形を変えて活躍しています。

●きものの裁ち方の例

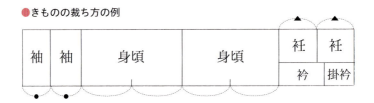

古いきものが新しく！

　きもの仲間と古いきものを見ながら「昔の柄はいいわね」などと、きもの談義で盛り上がるのも楽しいひとときです。そして、新しく変身したきものを身に付けたときは、思いがけず素敵なおまけを貰ったようで、幸せな気持ちになるのです。

きものを着る

長襦袢を着たら、いよいよきものを着ます。

きものの着付け
Putting on a Kimono

きものの着付けも、
基本的には浴衣とそんなに変わりませんが、
きものならではのコツがあるので、
そこをしっかりマスターしましょう。

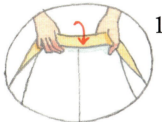

1. 広衿仕立てのきものは、衿を半分に折っておく。

Fold the collar in half when wearing a hiro-eri wide collar kimono.

2. 長襦袢の袖を持ち、片手ずつきものの袖に通す。

Grab each nagajuban sleeve in each hand and releasing them once your arms are in the kimono sleeves.

掛衿を持ち、
後ろで広げて肩に掛け
片身ずつ体を入れる。

Hold the kake-eri collar and open the kimono on the back of your body. Hang the Kimono over the shoulder.

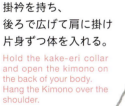
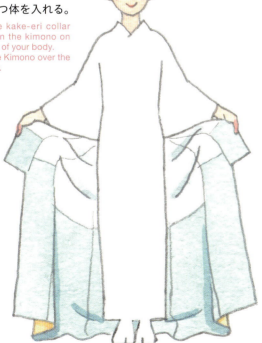

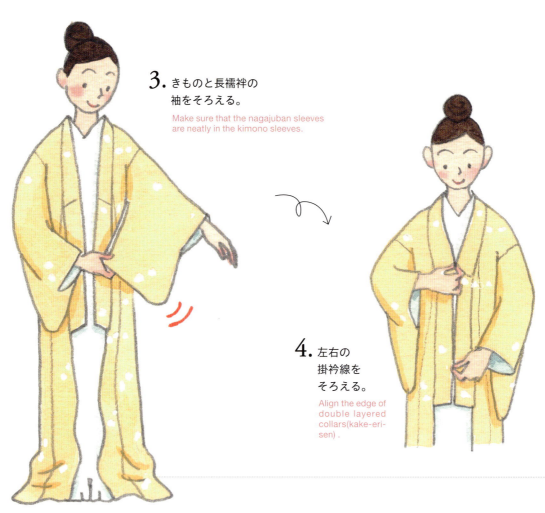

3. きものと長襦袢の袖をそろえる。

Make sure that the nagajuban sleeves are neatly in the kimono sleeves.

4. 左右の掛衿線をそろえる。

Align the edge of double layered collars(kake-eri-sen).

5. 背縫いをつまんで下に引き、衣紋をこぶしひとつ分抜く。

Hold the collars with one hand and pick the center back seam with the other hand. Pull the center back seam down in order to make a fist-size gap between the emon collar and your neck.

長襦袢ときものの衣紋を一緒にクリップでとめる。

Bind the both of nagajuban and kimono back collars together with the kimono clip.

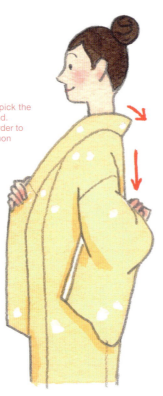

6. すその長さを床すれすれに決める。

Adjust the hemline to fall just above the floor.

7.

上前を体にあてて
上前の幅を決める。

Wrap the left uwamae around the front of your body and estimate its width.

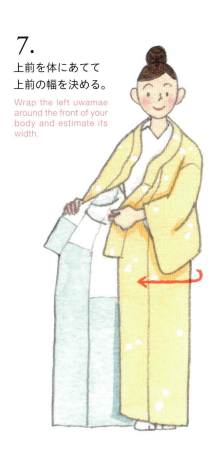

8.

上前を開いて
下前を腰に巻きつける。
すそ先は 8 〜 10cm
くらい上げる。

Open up the left uwamae and wrap the right shitamae around the front of your body. Lift the hem corner about 8-10cm.

9.

腰まわりがゆるまないように
腰にぴったり付けたまま
上前を重ねる。すそ線は
足袋が半分見えるくらい。

Keep holding the right shitamae in place and wrap the left uwamae. Adjust the hem length that makes the tip of the toes peeks out.

すそは、すそつぼまりに
なるように。

The skirt should be a pencil shape.

10.

腰ひもの中心を持って
右の衽線にあてる。
位置は腰骨の 2 〜 3㎝上。

Hold the center of the koshihimo. Place it 2-3cm above the hipbone on the right side of the okumi seam line.

きものを着る

11.

ひもを後ろで交差させ、脇でしっかり引き締める。

Cross the koshi-himo ends behind your back. Bring each end to your front and tighten around your waist.

12.

前で片輪に結び
(⇨ P.13)、お腹の
あたりのしわを整える。

Tie a half bow knot on your front and tuck the koshihimo ends underneath. Remove wrinkles around the waist.

13.

両脇の身八つ口から
手を入れて、後ろの
おはしょりを整える。

Put your arms through the side slit (miyatsukuchi) and smooth out the extra fabric (ohashori) on your back.

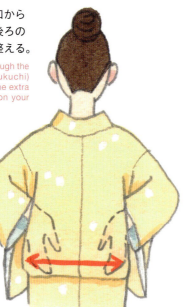

14.

同じように
前のおはしょりも
ならす。

Smooth out the extra fabric (ohashori) on your front as well.

15.

耳の下から半衿が見えるように下前の衿を整え、
おはしょりを斜めに折り上げる。

The kimono collar on your back should not show any nagajuban collar so that the collar of nagajuban and kimono meet at the point below the ears.
Adjust the collar of right shitamae in order to appear the collar of nagajuban at the point below the ears.
Put your arms through the side slits (miyatsukuchi).
Make the diagonal accordion folds with the right shitamae extra fabric (ohashori).

※コーリンベルトを使ってもいい。
コーリンベルトの長さは肩幅より広めに。

*You can use a Corin belt instead.
Corin belt should be longer than your shoulder length.

16.

同様に上前の衿も
整えながら
打ち合わせる。

Likewise, adjust the left uwamae collar in order to appear the collar of nagajuban at the point below the ears.

ポイント

きものの衿は
左右同じ幅に

Make sure the left and right collars are symmetrical.

17.

半衿が左右均等に出ているか確かめる。
衿の幅は普段着は細めに、
よそゆきや礼装はやや広めに。

The nagajuban collar (han-eri) should appear evenly on its left and right.
Levels of formality: The narrow collar fits a casual occasion. The wide collar appropriate in a formal setting.

18.

もう一度背縫いを
引いて衣紋を抜く。

Pull the center back seam down a little in order to maintain the gap between the emon collar and your neck.

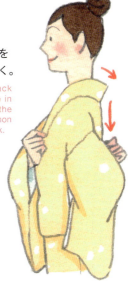

きものを着る

伊達締めの締め方
Tying a Datejime belt

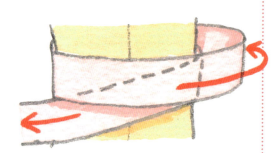

① 後ろで交差させる

Cross the datejime ends behind your back.

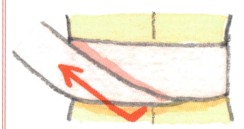

② 下になった方を折り上げて前にまわす。

Fold the bottom edge of datejime up on your back. Bring it to your front.

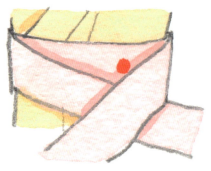

③ 前で交差する。

Cross the datejime ends on your front.

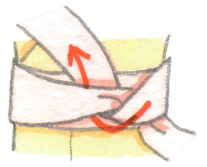

④ 体の左寄りの位置でひと結びする。

Tie the datejime at the slightly left side of your body.

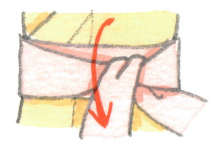

⑤ 上になっている方を下におろす。

Bring the upper end of datejime down.

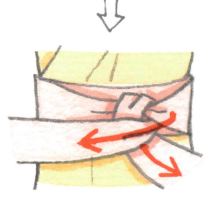

⑥ 左右反対方向に引っ張る。

Twist and turn the datejime ends to the opposite sides.

19. 胸ひもを結び（⇨ P.15）、伊達締めの中心を左バストの位置にあて、下におろす。

Cross the koshihimo ends behind your back.
Bring each end to your front and tighten around your waist.
Tie a half bow knot on your front.
Tuck the koshihimo ends underneath.

Place the center of the datejime belt on your left chest.
Stretch the datejime across your chest and slide it down to below your chest.

20. 38ページのように伊達締めを締め、端を両脇に挟んでできあがり。

Tie the datejime. See the datejime instructions at page 38. Tuck the datejime ends in.

21.
きものの裾を上げ、
両手で長襦袢を下に引いて
衣紋を抜き直す。
背中のしわを伸ばし、
後ろのおはしょりを引いて完成。
衣紋のクリップを取る。

Hoist up the kimono hem.
Pull the nagajuban down to maintain the gap between the back emon collar and your neck.

Smooth out wrinkles by pulling the excess fabric down on your back.
Remove the kimono clip on your back.

留学生にきもの体験を！

2015年の参加者

　毎年10月末から11月初めに行われる国際基督教大学(ICU)の大学祭に参加しています。着付け教室のお弟子さんに協力してもらい、女子留学生にきものを着る体験をしてもらうのです。

　まずは「女子留学生のみなさん、振袖を着て日本の伝統文化を体験しませんか。きものでICU祭を楽しんでください、無料です」と英文で書いたチラシを配ることから始まります。2016年で10年目になりますが、毎年30人前後の申し込みがあり、国籍もアジア・アメリカ・ヨーロッパとさまざまです。

　きものを着たときの嬉しそうな顔、キャンパスで1時間楽しんで戻ってきたときの満足した表情……。そして、帰るときは心から「ありがとう」と伝えてくれます。帰国してから、わざわざお礼のメールを届けてくれた学生もいました。

　手伝ってくれるお弟子さんたちは、自分の振袖を持参してのボランティアですが、みんなの喜ぶ姿を見て、また着せてあげたいと毎年参加してくれています。10年も続けられたのは、お弟子さんのその熱意ときものの力だと思います。きものは国境を越えて人々を魅了する美しさがあるのですね。

　お弟子さんたちの、きれいに着せてあげたいという気合いと、学生さんたちの着たときの飛び切りの笑顔に、私も嬉しく、喜びを共有できる幸せなひとときです。

募集のチラシ

> Hi Ms. Nikaido and everyone at the Kimono School,
>
> My name is Kristi Cheng and I was one of the foreign exchange students that signed up for a kimono dressing at the ICU festival in November. I know it's already been three months, but I found this picture while looking through my souvenirs from Japan and just really wanted to say Thank you! Thank you for providing such a great opportunity for us exchange students to actually dress in a kimono. I'm sure it was a dream for many of us and thanks to you for helping us fulfill that!
>
> The pictures are now hanging up on my wall! Thanks for bringing back great memories!!
>
> 本当にありがとうございました。

帰国後に送ってくれたお礼のメール

Let's try tying an Obi

第 2 章

◆

帯を結ぶ

Otaiko (Drum bow)
-Nagoya obi-

名古屋帯のお太鼓結び
（一重太鼓）

きものの帯結びでいちばんポピュラーなのが
名古屋帯のお太鼓結びで、一重太鼓ともいいます。
帯の素材や意匠によって、
カジュアルなものから略礼装のきものまで幅広く結べます。

通常の結び方
The common way to tie Otaiko

3本の仮ひもを使って結びます。

1. 手先の輪（ふたつ折りにした折り線の山）が下側になるようにして、ひと巻きする。
Make sure that folded edge of the obi is at the bottom.
Place the Tesaki on your right side. Wrap the Tare around your waist.

帯を結ぶ

2. ひと巻き目の内側に
帯板を入れる。

Slide the obi-ita into the open edge of the obi on your front. Wrap the Tare around your waist again.

3. テ先とタレの下側を持ち、
ふた巻き目をしっかり締める。

Pull the lower edges of the Tare and the Tesaki tight.

4. 左側にあるテ先を背中に回しておろし、
タレと交差したところを指で押さえる。

Pull the Tesaki from your left to back. Fold the Tesaki down. Pinch the point meeting the Tesaki and the lower edge of the obi with your fingers to hold them in place.

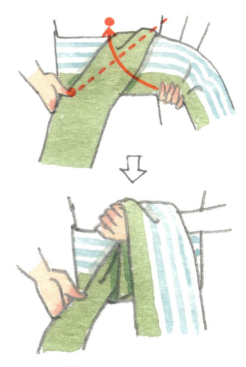

5. 右手でタレを折り上げる。

Fold the Tare straight up with your right hand.

6. 折り上げたところを
1本目の仮ひもで押さえる。

Take the koshihimo in your right hand and pass through under the Tare.

7. 仮ひもを前で結び、
テ先をひもに挟んでおく。

Tie the koshihimo temporarily on your front. To secure the Tesaki, bring the Tesaki to your front and temporarily hold it with the koshihimo. Or tuck the Tesaki edge into the top of the obi.

8. タレを広げる。

Unfold the Tare on your back.

9.
タレの上から
2本目の仮ひもをあて、前で結ぶ。

Place the second koshihimo across the Tare on your back. Tie the koshihimo on your front.

10.
帯枕を右手で持ち、平らな方をタレの内側にあてる。両手で帯枕とタレを持ち、巻いている帯の上まで持ち上げる。

Place the obimakura underneath of the Tare with the hump of the obimakura up. Make sure the flat part of obimakura is on your side. Hold the obimakura with both hands and bring up the obimakura over the koshihimo.

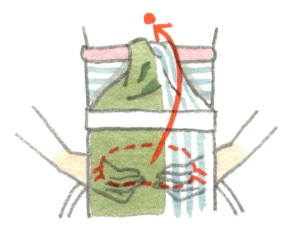

11.
帯枕のひもを
前でしっかり結び、
帯の内側に
深く入れておく。

Tie the obimakura cord ends on your front. Tuck the obimakura cord ends into the obi.

※初心者にはガーゼで包まれた帯枕が扱いやすい

12.
帯枕に帯揚げを掛ける。

Wrap the obimakura in the obiage.

帯を結ぶ

13. 帯揚げは前で仮結びして、帯の間に挟んでおく。

Tie the obiage ends temporarily on your front and tuck the ends into the obi.

14. タレの内側から、巻いている帯の下線の位置に3本目の仮ひもをあてる。

Place the third koshihimo under the Tare and set it on the lower edge of the obi.

15. 片手で仮ひもとタレを持ち、反対の手でタレを内側に折り上げる。

With one hand, hold the koshihimo and the Tare together. With the other hand, fold the Tare up into itself. There'll be three layers.

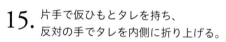

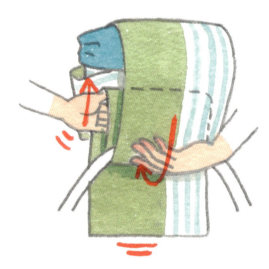

16. タレを人差し指くらいの長さ（6〜7cm）に調整し、仮ひもは前で結んでおく。

Tie the third koshihimo temporarily on your front.
The part of the Tare that hangs below the otaiko should be as long as your index finger (about 6-7cm).

ポイント 仮ひもは帯の下側で結ぶ

Make sure the koshihimo is at the lower edge of the obi.

17. テ先を折り返して、お太鼓のなかに通す。

Pass the remainder of the Tesaki through the otaiko.

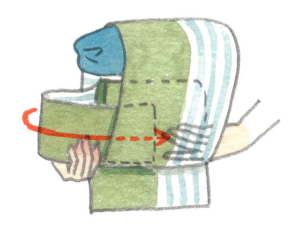

18. テ先は、右側が 2〜3cm 出るようにして、お太鼓のなかにしまい込む。

About 2-3 cm should stick out on the right side. If the Tesaki is too long, tuck the excess behind the otaiko on the folded side.

お太鼓のなかにうまくしまえないときは、折り込んでもいい。

If the Tesaki is too long to tuck, fold the excess and tuck it behind the otaiko on the folded side.

帯を結ぶ

19. お太鼓のなかにしまい込んだテ先を押さえるようにして帯締めを通して前でしっかり結ぶ(⇨ P.54)。

Pass the obijime through the otaiko. Tie the obijime on your front. Tighten the obijime to hold the tucked Tesaki in place. See the obijime instructions at page 54.

20. 3本の仮ひもを外し、帯揚げもきれいに結ぶ(⇨ P.56)。

Untie and remove all three koshihimos. Tie the obiage neatly. See the obiage instructions at page 56.

21. 完成

Well done!

もっと簡単に結ぶ
The easy way to tie Otaiko

帯を結ぶ

もっと簡単にお太鼓結びができないかと考えて、通常の名古屋帯より短めにした悠遊名古屋帯（⇨P.58）を思いつきました。最初にお太鼓を作るこの方法なら、短めなアンティーク帯も楽に結べます。

Yuyu-Nagoya obi makes the Otaiko process a little easier because of its short length.

1. 悠遊名古屋帯は帯と帯枕をマジックテープでとめられるようになっている。タレとテ先の間にできる三角の部分にハンドタオルを三角に折って入れておくとお太鼓がさがってこない。

   You can attach the obimakura to the obi with the hook and loop fastener. Slide the triangle folded towel into the triangle shaped space behind the obi.
   This triangle stops the otaiko falling.

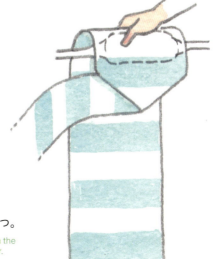

2. 帯枕にタレの部分をかぶせてしっかり持つ。

   Cover the obimakura with the Tare. Hold these together.

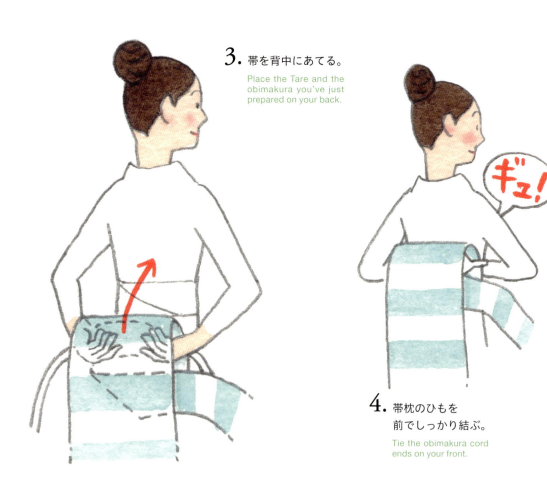

3. 帯を背中にあてる。
Place the Tare and the obimakura you've just prepared on your back.

4. 帯枕のひもを前でしっかり結ぶ。
Tie the obimakura cord ends on your front.

5. テ先の輪を下側にしてひと巻きし、内側に帯板を入れる。
Pass the Tesaki through under the Tare and wrap it around you. Make sure the folded side of the obi is at the bottom. Slide the obi-ita into the open edge of the obi on your front.

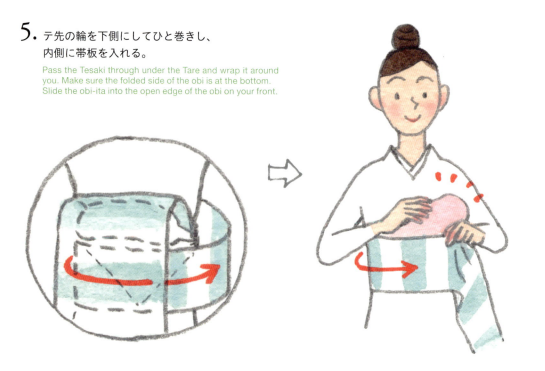

帯を結ぶ

6. 帯の下側をしっかり締め、もうひと巻きする。

Hold the lower edge of the Tesaki and tighten it.
Wrap it around your waist again.

7. 左脇のところで
ひと巻き目とふた巻き目の
帯をクリップでとめる。

Bind the first and second layers on your lower-left side with a kimono clip

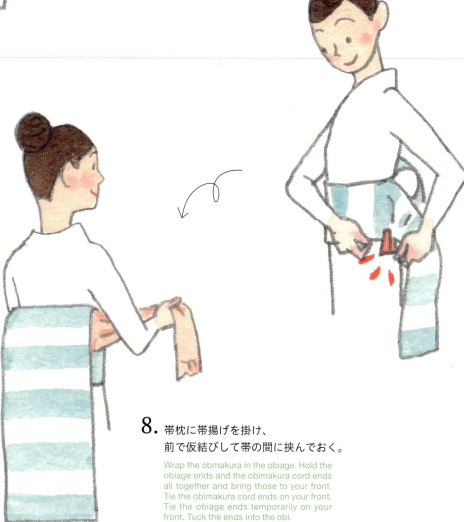

8. 帯枕に帯揚げを掛け、
前で仮結びして帯の間に挟んでおく。

Wrap the obmakura in the obiage. Hold the obiage ends and the obimakura cord ends all together and bring those to your front. Tie the obimakura cord ends on your front. Tie the obiage ends temporarily on your front. Tuck the ends into the obi.

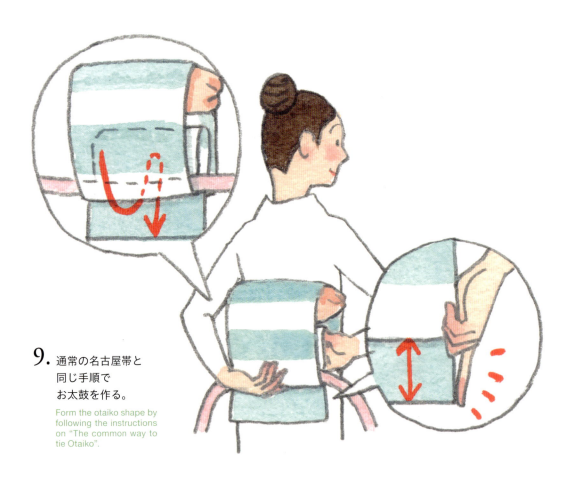

9. 通常の名古屋帯と
同じ手順で
お太鼓を作る。

Form the otaiko shape by following the instructions on "The common way to tie Otaiko".

10. 仮ひもは前で結んでおく。

Tie the koshihimo ends temporarily on your front.

11.

テ先は、名古屋帯のようにお太鼓のなかに通す（⇨ P.47）。

Pass the remainder of the Tesaki through the otaiko. About 2-3 cm should stick out on the right side. If the Tesaki is too long, tuck the excess behind the otaiko on the folded side.

12.

クリップをはずし、帯揚げ、帯締めを結ぶ。最後に仮ひもをはずす。

Remove the kimono clip. Tie the obiage and the obijime neatly. Remove the temporarily tied koshihimo.

13.

完成

Well done!

帯を結ぶ

帯締めを結ぶ
Tying an Obijime

基本の結び方です。
途中でゆるまないように
指で押さえるのがポイントです。

---

1. きものの打ち合わせと同じように
右側を下にして交差させる。

Cross the left end over the right end like the kimono wearing.

2. 左側を下から上に通し、
しっかりと引き締める。

Pull the left end up under the right end. Tighten it.

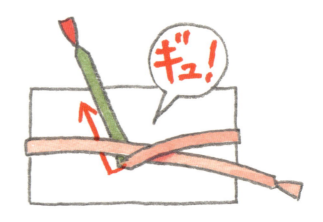

3. 左側で輪を作り結び目に重ね、
ゆるまないように指で押さえる。

Place your index finger on the tie to hold the tension.

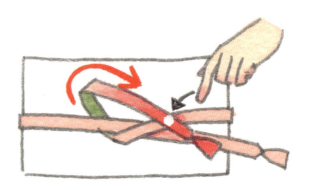

4. 右側を結び目の根元から
折り上げ、指で押さえながら
上から輪に通す。

Bring the right end up and down through the loop you've just created.

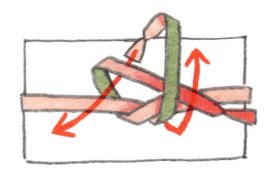

5. ゆるまないように
指で押さえつつ、引っぱる。

Make sure you are holding the tension with your index finger. Pull the left end to the left.

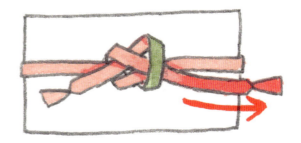

6. 反対側も
引っぱって締める。

Pull the right end to the right.

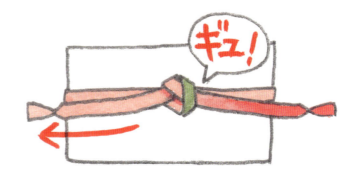

7. 端は、右側は上から下へ、
左側は下から上に入れて整える。

Tuck the right end in the upper side of the obijime. Tuck the left end in the lower side of the obijime.

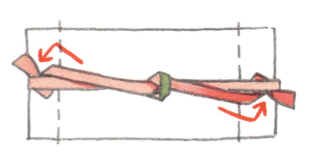

帯を結ぶ

帯揚げを結ぶ
Tying an Obiage

ふっくらときれいに結びます。

1. 脇の近くで帯揚げを3分の1に折り、さらに2分の1に折る。
きものの打ち合わせと同じように右側を下にして交差させる。
Fold one third of the obiage edges into the center. Then, fold those in half.
Cross the left end over the right end like the kimono wearing.

2. 左側を下から通して結ぶ。
Bring the left end straight up under the right end. Tighten it.

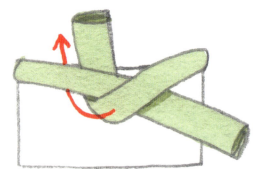

3. 結んだ左側を下におろす。
Bring the left end down.

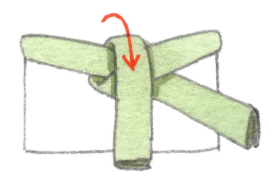

4. 右側を横に折り曲げ輪を作る。
Make a loop with the right end by folding the right end towards the right.

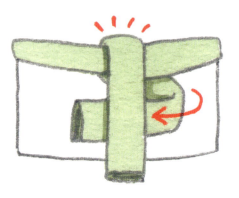

5. 左側をその輪の部分に
下から通す。

Pull the left end up through the loop you've just created.

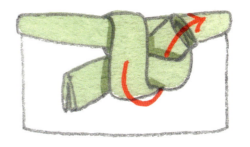

6. 結び目がふんわりとなるように
加減しながら左右を引っぱる。

Pull each end gently to make the fluffy knot.

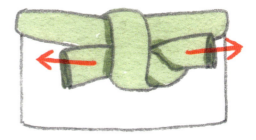

 結び目は裏側が出ないように
Make sure the reverse side of fabric should not appear on the knot.

7. 結び目のしわを取り、
左右の残りを帯のなかにしまう。

Remove the wrinkle. Tuck each end into the obi.
The knot should sit on the center of the obi. Push the knot downwards.

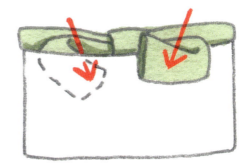

8. できあがり。

You've made it!

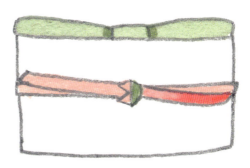

悠遊名古屋帯と悠遊帯とは？

悠遊名古屋帯のアイデア

　帯結びは手順も多く、慣れるまでは形もなかなかきれいに決まりません。着付け教室の生徒さんも苦労するところです。そこで試行錯誤しながらもっと簡単にお太鼓結びができる方法を考えました。それが悠遊名古屋帯です（⇨P.49）。このアイデアは、「名古屋帯を結ぶ方法」として特許が認められました（特許第5412654号）。

半幅帯をもっとおしゃれに

　半幅帯でも名古屋帯と同じような、よそゆきの雰囲気が出せる帯を考えて悠遊帯と名付けました。悠遊帯は通常の半幅帯より帯幅を1cm広くして16cmに、長さも4m～4m20cmと長めになっています。名古屋帯より簡単に結ぶことができ、染め帯と織り帯の両方がそろっているので、お茶会やあらたまった席でなければ、季節や場所に合わせて自由に選ぶことができます。

悠遊帯の素材はゆるまず、しっかり締まる絹と木綿で、
芯が柔かなので楽に結べる。

　お問い合わせは、きものLib（http://www.kimonolib.com）まで。

Various Knots -Yuyu-obi-

悠遊帯を使って

お太鼓結びが慣れないうちは手軽にできる半幅帯が便利ですが、
少しよそゆきにしたいときは悠遊帯（⇨P.58）がお勧めです。

悠遊帯でそよかぜを結ぶ
Tying Soyokaze (a gentle wind) with Yuyu-obi

浴衣に結んだ文庫結びより
少し大人っぽい印象の
そよかぜを悠遊帯で結んでみましょう。
もちろん普通の半幅帯でも同じ手順で結べます。
Yuyu-obi is a half width obi. Stylish obi for any occasion!

1. テ先を右側にして、床までの長さを目安にしてクリップをとめる。

Measure the Tesaki. Place the Tesaki on your right side in front of your waist level. The edge of the Tesaki should be just above the floor. Put the kimono clip at the measured point.

2. クリップで帯と衿を挟み、帯を巻いていく。ひと巻きごとに帯の下側を締めながらふた巻きする。

Bind the obi and the collar together with the kimono clip while keeping the Tesaki length intact.
Wrap the Tare twice around your waist. Pull the lower edge of the obi tight every time after wrapping.

3. ふた巻きしたら、テ先とタレの長さが胸の中心で同じになるように、帯をずらして調整する。

Hold the Tare and the Tesaki at the center of your chest. Adjust them until both ends have roughly the same length.

4. タレを斜めに折り上げる。

Fold the Tare up diagonally.

5. テ先は輪が下になるように二つに折る。

Fold the Tesaki in half. Folded sides of the Tesaki should be at the bottom. Cross the Tesaki over the Tare.

6. テ先を上にしてひと結びする。

Bring the Tesaki around underneath the Tare and tighten it. The Tesaki should be at the upper side and the Tare is at the lower.

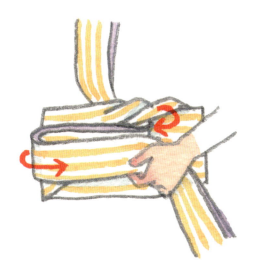

7. 下側のタレを二つに折りにし、右にもっていって折り返し、中心でそろえる。

Fold the Tare in half. Bring the Tare to the right and make a loop.

8. 上側のテ先をかぶせ、テ先が左側にくるように結ぶ。

Tie a bow. Bring the Tesaki around the loop you made with the Tare and up through to form a second loop, just like tying your shoes. Make sure that the Tesaki is on your left side.

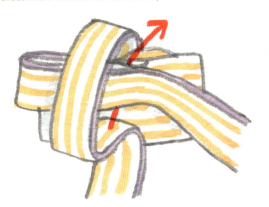

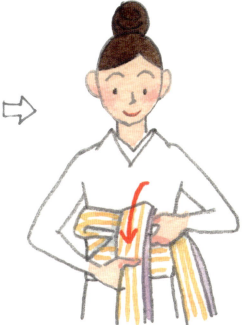

9. 結んだ部分の長さが同じになるように整える。

Pull and adjust both loop lengths to be the exact same size.

10.
さがっているテ先を
結び目の下から
上に通す。

Bring the Tesaki around and up behind the knot.

11.
手の幅と同じくらいの
長さを上からかぶせる。

Bring the Tesaki over the bow. The Tesaki part that hangs down should be as long as your hand width.

12.
タレも同じように
下から上に通す。

Make another loop with the Tare.

13.
バランスよくかぶせる。

Bring the Tare over the knot and adjust the proportions.

帯を結ぶ

14. テ先とタレの余った分は帯のなかに入れる。

Tuck the remainders into the obi loop.

15. 入れた部分は帯を安定させる土台となる。

The remainders help make the obi sit firmly.

16. 帯の左側の上下を持ち、右回りで後ろに回す。

Hold the top and bottom of the obi on your left with both hands. Rotate the whole obi to the right until the bow is at the center of your back.

17. 帯板をひと巻き目とふた巻き目の間に入れる。

Insert the obiita between the first and second obi loop.

18. できあがり。

Good job!

帯締めを締めると
よりあらたまった印象に。
The obijime creates a
more formal look.

バリエーション Different varieties

その1

テ先とタレが長い場合は
帯締めをあて、
お太鼓のような形にする。

The bow that resembles Otaiko.
If the remainders are too long,
tie the obijime.

その2

7で作る羽根を長めにして
垂らし、その上にテ先とタレを
短めにかぶせる。

At step 7, make the loops longer. Bring
the longer loops down. Hang the Tare
and Tesaki over them.

その3

I. 6までは基本形と同じ。
タレを二つ折りにしないで折り返し、
テ先をかぶせて結ぶ。

Follow the instructions until step 6. Don't fold the Tare in half when making a loop. Tie a bow.

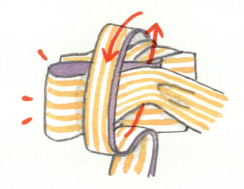

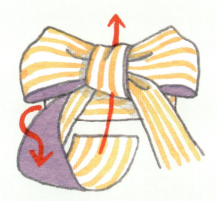

II. 基本形と同じようにテ先とタレを
下から通すが、テ先を裏返しておく。

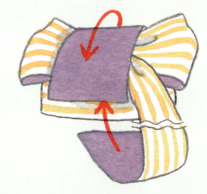

Turn the Tesaki tail inside out. Bring the Tesaki around and up behind the knot.
Make another loop with the Tare.

III. 完成
Beautiful!

悠遊帯で角出し風の結び方
Tying Tsunodashi (horns sticking out) with Yuyu-obi

モダンでシックな角出し風を、悠遊帯で結びます。

1. テ先を手の幅2倍分とってクリップでとめる。

Measure the Tesaki. The Tesaki should be twice as long as your hand width. Put the kimono clip at the measured point.

2. クリップで帯と衿を挟み、帯を巻いていく。

Shift the Tesaki position to the right. With the Tesaki length keeping intact, bind the obi and the collar together with the kimono clip.

3. ひと巻きごとに帯の下側を締めながらふた巻きする。

Wrap the Tare twice around your waist. Pull the lower edge of the obi tight every time after wrapping.

4. タレを斜めに折り上げ、テ先は輪が下になるように二つに折る。

Fold the Tesaki up in half. Fold the Tare up diagonally. Folded sides of the Tesaki and Tare should be in the bottom.

帯を結ぶ

5. テ先を上にして ひと結びする。

Cross the Tesaki over the Tare. Bring the Tesaki around underneath the Tare and tighten it. The Tesaki should be at the upper side and the Tare is at the lower.

6. 下側のタレを二つ折りにし、右に持っていって折り返す。

Fold the Tare in half. Bring the Tare to the right to make a loop.

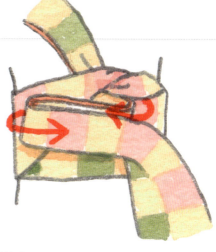

7. 上側のテ先をかぶせ、テ先が左側にくるように結ぶ。

Tie a half bow knot. Bring the Tesaki around the loop you made with the Tare and pull the Tesaki up through, just like tying a half bow knot. Make sure that the Tesaki is on your left side.

8. タレを、下から結び目を
くぐらせ引き抜く。

Bring the Tare around and
up behind the knot.

9. 同じようにして
タレをふた巻きする。

Likewise, make another loop.

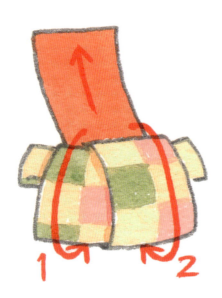

10. ふたつのタレが、
ふっくら丸くなるように
形を整え、残りのタレをかぶせる。

Adjust the bow to have a rounded
looking shape. Hang the rest of the
Tare over the bow.

11. できあがり。
そよかぜと同じように
後ろに回し、帯板を入れる。

Hold the top and bottom of the obi on your left with both hands. Rotate the whole obi to the right until the bow is at the center of your back. Insert the obiita between the first and second obi loop.
Good job!

帯を結ぶ

バリエーション Different varieties

その1

左右の羽根の部分を広げて
華やかに。

Spread wings. Unfold the Tesaki at the both sides. Gorgeous!

その2

最後にかぶせる
タレの裏側を出す。

Turn the top layer of the Tare inside out.

きものを手に入れる

呉服屋さんで購入する

　きものを手に入れる方法のひとつは、呉服屋さんで反物を選び、仕立ててもらうというものです。その場合、どのくらいの経費がかかるでしょうか。きものは基本的には10月から5月まで着る裏の付いた袷（あわせ）と、6月と9月に着る裏地のない単衣（ひとえ）、7月と8月に着る薄くて透ける夏ものがあります※。ここでは10万円で購入した反物を、袷に仕立てる場合を取りあげます。

　袷のきものを仕立てるには反物以外にも、裏地となる八掛、胴裏が必要ですし、お仕立て代などの料金がかかります。また仕立てたきものを着るときには、下着はもちろん、長襦袢や帯なども用意しなければなりません。それにかかる費用もあげてみました。

　ここに書いたものはあくまでも参考例なので、これよりもっと高いものも、もう少し安く納まるものもあります。洋服と同じで、きものも自分の好みや、着る場面や目的に合わせて選ぶことが大切です。はじめてきものを仕立てるときは、きものについてよく知っている人に相談し、呉服屋さんにも一緒に行ってもらうと安心です。

※最近は温暖化の影響もあり、5月から単衣を着たり、9月上旬は夏ものを着る方も多くなっています。

● 反物を10万円で購入した場合

反物	100,000円
胴裏	8,000円～
八掛	12,000円～
湯のし・湯通し	2,000円～
仕立て（手縫い・国内仕立て）	20,000円～
合計	142,000円～

※あくまでも目安です。

湯のし
染めの反物に蒸気をあてて整える

湯通し
織りの反物をぬるま湯に通して糊を落とす。

● きもの以外でおもに必要なもの

長襦袢生地	15,000円～
仕立て代	15,000円～
名古屋帯（仕立て済み）	80,000円～
帯締め	7,000円～
帯揚げ	5,000円～
合計	122,000円～

※あくまでも目安です。
左記以外に下着、腰ひもなどの小物類、足袋、草履などもいります。

本当に気に入ったものを

　私がきもの学院に入ったのは5月でした。5月は袷ですが、6月は単衣、7・8月は夏ものが必要となります。でもまだ手持ちのきものの数も少なく、その都度デパートや呉服屋さんに飛び込んで、そこそこのきものと帯を購入しては間に合わせていました。そのうちにきものの知識も増え、良いものがわかるようになると、慌てて買ったものはどれも物足りなくて、結局着付け教室での貸し出し用にしてしまいました。
　私の場合は必要に迫られてということもありましたが、もし急ぎでなければ1枚ずつよく吟味して選び、数は少なくても本当に気に入って、ずっと着られるきものや帯をそろえることをお勧めします。

リサイクルのお店で購入する

　きものを手に入れるには、リサイクルのきものを扱っているお店で購入する方法もあります。呉服屋さんでは、自分にぴったりのきものを仕立てることができますが、料金もある程度かかりますし、仕立てる時間も必要になります。その点リサイクルのきものは、まず値段が手頃なこと、その場で羽織って似合うかどうかが確認できること、買ってすぐに着られるというメリットがあります。ただし、サイズがまちまちなので、自分に合うサイズのなかから選ばなければなりません。
　リサイクルきものを選ぶときは、身丈、身幅、裄の3点は必ずチェックしましょう。なかでも身丈は重要で、自分のサイズよりプラスマイナス5㎝以内ならまず大丈夫です。裄もあまりサイズが小さいと着づらいですが、身幅は着付けである程度カバーできます。

身内や知り合いから譲り受ける

　きものを手に入れる奥の手は家族や親戚から譲ってもらうことです。また、きものに興味があるとアピールすると知り合いから声を掛けられることもあります。私は着付け教室の生徒さんに「ご親戚やお知り合いのところをひと回りしていらっしゃい、必ず収穫がありますよ」と言って笑いを誘っています。
　譲り受けたきものも、サイズが合うかどうかはありますが、そのきものには譲ってくださった方の愛着や思い出も詰まっています。気に入ったものがあったら、是非そのきものを着て訪ねて、感謝の気持ちを伝えましょう。

古着についての注意点

リサイクルのお店で購入したきものや、いただいたきものは次のことをチェックしておきましょう。

① 傷み具合や汚れの確認

　長くしまい込んであったきものは、布地ばかりでなく縫い糸も湿気を含んで弱くなっています。お尻とか身八つ口が、縫い目からビリッと切れてしまうことがあり、要注意です。点検して弱くなっているところは、縫い目に沿って縫っておけば安心です。

　また、古いしみや汚れは落ちないと思った方がいいでしょう。胴裏の黄ばみも落ちません。リサイクルのお店で購入するときは、サイズだけでなくそういうところまでチェックすることが大切です。

　傷みの具合によって、きものでは着られなくても羽織や道行に再生できる場合もあります。

② 寸法の確認

　裄は、手を真横に伸ばしてから30°の角度にさげ、背中心から袖口が手のくるぶしにかかるくらいが標準です。折角いただいたものが上等であっても、裄が短いと腕が出過ぎ、貧弱になります。

　少しお金はかかりますが、問題がある場合は、洗い張りをし、ご自分の寸法に仕立て直すことができます。胴裏は黄ばんでいれば取り替え、八掛も自分の好みに合うものに変えます。きものは、解けば幅36cm、長さ約12mの布に戻ります。洗って仕立て直せば、とてもお古とは思えないほど、見違えるようになり、また何年も着ることができます。

　かつてきものは、祖母から母にそして娘にと受け継がれてきました。それは体型が違っていても仕立て直せば着られるという合理性と、絹・木綿・麻という耐久性のある素材が用いられていたからです。

着付けを習う

着付けを習う場所を探す

自分ひとりで何とかきものを着ることができるようになって、さらにもっときれいに着付けができるようになりたい、きものの知識をもっと知りたい、着付けの仕事をしてみたい、と思ったときは着付け教室に通う方法があります。着付け教室は流派も多く、選ぶのに迷ってしまいますが、その選び方や留意点をあげてみました。

① 地域の広報紙で見つける

自分の住んでいる地域の広報紙に掲載されているところに、とりあえず行ってみることをお勧めします。短期間で料金が安く、近いという利点があります。また、その地域の先生ですと、万一留袖や訪問着、振袖などを着るときは、その着付けもお願いできますし、自宅まで来てもらえることもあります。

聞きたいこと、気になることも親切に対応していただけるでしょう。ただし、その先生の流派によっては、習うにあたって指定教材が必要で、それを購入しないといけないこともありますから、事前に確認しておくことが大切です。

② インターネットで探す

「着付け教室　○○(地域名)」のように、自分が通いやすい地域を入れて検索すると出てきます。留意点は広報紙で見つける場合と同じです。

③ カルチャーセンターで習う

　①よりは料金が少し高くなりますが、キャリアを積んだ先生が指導してくれるのと、教材を無理に勧めるようなことはあまりないので、安心して習えると思います。また高い授業料を払えば習う方の心構えも違ってくるようです。ただしカリキュラムが決まっていますから、希望通りのものが習えるのかなど事前に問い合わせましょう。

④ 知り合いに習う

　資格を持っている友人や知人に教えてもらうこともできます。良い点は謝礼が安くなったり、お稽古の日時に融通がきき、知っている人が相手なので気楽さもあります。反面、かえって気を使ったり、わがままになったり、習得する姿勢が甘くなったりすることも。教える方にも同じようなことが起こりがちです。お稽古に入ったら、気持ちを引き締め、立場をわきまえて、充実した時間が共有できるよう心掛けましょう。

　いずれにしろ、教材の売りつけや展示会へのしつこいお誘いがなければ問題はありません。できれば通う教室が自分に合っているかどうか、事前に見学させてもらうことをお勧めします。

　なお、無料講習会というのもよく目にしますが、無料には思わぬ落とし穴もあります。カリキュラムに勉強会を兼ねてきものの展示会が組み込まれていて、まわりの雰囲気に押されて、わからないままに高額のきものや帯を買ってしまった、あるいは買わされたという話もよく聞きます。そうではない無料講習会に運良く出合えても、タダという気持ちがどこかにあると、よほど意志を強く持たないと気が緩み、身に付かないこともあるでしょう。無料きもの講習会はそういうことが要注意ということを心にとめておいてください。

着付けを習うことのプラスアルファ

　着付けを習うことは、きもの全体を知ることにも繋がります。きものには季節やTPOによって、素材、意匠、コーディネートなど、さまざまな約束事があり、お手入れについての知識も必要ですが、着付けと並行してそれらを学べるからです。自分でも、きものの基本的なことが載っている本を探してよく読み、わからないところは、恥ずかしがらずにどんどん先生に質問することです。

　また、手持ちのきものや帯でわからないことがあれば、持って行って見ていただきましょう。きものが着られ、帯が結べるようになったとき、きものの知識も身につき、自分のきもの姿に自信も湧いてきます。

きものを着て出かける

　花火や夏祭りなど、浴衣を着ていくイベントはたくさんありますが、きものにはそういうイベントは少ないようです。でも、きものをひとりで着ることができるようになったら、せめて月に2、3回はきものに袖を通し、お出かけしてみましょう。

　花火のように大勢でぞろぞろ出かけるイベントこそありませんが、秋は芸術の秋にふさわしく、展覧会、音楽会、観劇などゆったりとしたひとときに、きものはぴったりだと思います。また、紅葉狩りやお茶会、友人との食べ歩きにも、きものはよく似合います。クリスマスやお正月は大きなイベントですし、春になればひな祭りやお花見もあります。

　このようにそれぞれの季節にきものが似合う場所はいくらでもあります。その季節ならではの装い方ができるのも、きものの大きな楽しみでしょう。

　浴衣からきものへのデビューは、洋服と同じようなカジュアルさがあり、簡単に結べる悠遊帯で十分です。オフのひとときを、日本の美しい四季とともに、是非きもので楽しんでみてください。

Kimono Knowledge

第 3 章

きものの
知識

きものの素材

Kimono Fabrics

きものの素材には、
絹、木綿、麻、ウール、化学繊維などがあります。

【絹】 Silk

蚕の繭からとる絹は、きものにいちばん多く使われている素材で、その光沢としなやかさが特徴です。
生糸で織った縮緬、綸子、お召、絽などや、紬糸で織った紬があります。

◆ 縮緬 Chirimen

凸凹のしぼがある織りもの。このしぼは、緯糸に強い撚りを掛けて織った後に、その撚りを戻すことで生まれる。丹後(京都)と長浜(滋賀)が産地として有名。

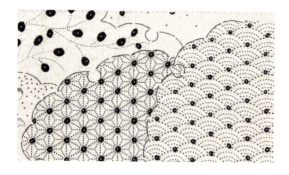

◆ 綸子 Rinzu

繻子地に模様を織り表した織りもの。布面は厚くなめらかで光沢があり、振袖や訪問着などに広く用いられている。産地としては小松(石川)、五泉(新潟)などが知られる。

◆ お召 Omeshi

お召縮緬の略で、先に糸を染めて織った先染め織りものの代表的なもの。張りがありながら、しっとりと体に馴染む独特の風合いがある。桐生(群馬)、西陣(京都)などで織られている。

◆絽 Ro

　織り目の間に絽目と呼ばれるすき間のある、夏の代表的な後染めの織りもの。絽目が横縞に表れたものを横絽、縦方向にあらわれたものを竪絽という。五泉（新潟）が有名。

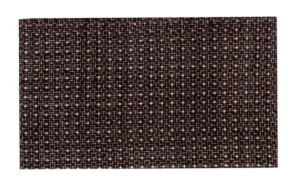

◆大島紬（鹿児島） Oshima-tsumugi

　大島紬は以前は紬糸を使用していたが、現在は生糸が用いられる。泥染が特徴で、泥大島、泥藍大島、藍大島があり、化学染料による色大島も見られる。生産地は奄美大島と鹿児島市。

◆結城紬（栃木・茨城） Yuki-tsumugi

　手紡ぎの紬糸を、原始的な地機で手織りした結城紬は柔らかで軽く、ふっくらとしている。織りのきものの最高峰として、大島紬とともに人気が高い。

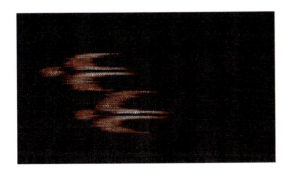

◆久米島紬（沖縄） Kumejima-tsumugi

　島の植物から取った染料と泥によって染めた紬糸で、琉球王朝時代から続く伝統的な柄を織る久米島紬は、久留米絣や結城紬にも影響を与えたとされる。しなやかで艶があるのが特徴。

【木綿】 Cotton

木綿は吸水性に優れ丈夫な生地で、おもに普段着に用いられます。
白生地を後染めした浴衣(⇨P.20)をはじめ、
先染めの糸で織られる縞柄、絣柄などが見られます。

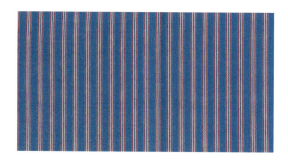

◆唐桟織(千葉) Tozan-ori

植物染料で染めた木綿糸を手織りした後、砧打ちするという伝統の技法を、館山市の齋藤家が今に伝える。渋みのある縞柄と、艶のある風合いが特徴。

◆久留米絣(福岡) Kurume-kasuri

日本の絣の代表的な産地。織り始められたのは1800年頃といわれ、その後も技術に改良・工夫を施して木綿絣を芸術品にまで高めた。かちっとした細かな模様や、積木型で構成された絵柄が特徴。

◆伊予絣(愛媛) Iyo-kasuri

久留米、備後(広島)とともに日本三大絣に数えられている。柄を太い線でくっきり織り出す技術が高く、ことに曲線を柔らかに織り出すことに優れている。

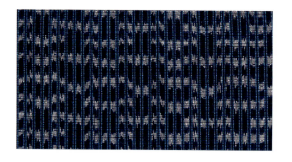

◆会津木綿(福島) Aizu-momen

すっきりした縦縞が特徴。現在ではさまざまな色の縞が見られるが、本来の染色は藍染である。吸湿性に優れ、やや厚地で丈夫な会津木綿は、江戸時代より庶民の普段着として広く愛用された。

【麻】
Hemp・Ramie

　麻は歴史の古い繊維で、飛鳥時代から衣料として用いられていました。木綿が普及するまでは庶民の衣服は一年中通して麻（大麻・苧麻など）でした。現在は盛夏のきもの地とされ、小千谷縮、越後上布、宮古上布などが知られています。

◆小千谷縮（新潟） Ojiya-chijimi

　しぼと呼ばれる、布によった波状の凹凸が特徴。このしぼが麻のサラサラした感触をさらに高めて、蒸し暑い日本の夏には欠かせない。最近の模様には絣や縞柄が多く見られる。

◆能登上布（石川） Noto-jofu

　古くから麻の生産地だったが、能登上布の名で世に出たのは江戸時代になってから。伝統模様は蚊絣と呼ばれる細かな十字で構成されたものだが、縞柄や大きめの柄なども開発されている。

◆宮古上布（沖縄） Miyako-jofu

　極細の糸で織られた、なめらかでしっとりとした質感の宮古上布は、高級な夏きものとして人気が高く、かつ希少である。細かな十字で構成された柄と、砧打ちをした光沢が特徴。

◆越後上布（新潟） Echigo-jofu

　透けるように薄く、軽いという特徴はその糸の細さによる。江戸時代には武士の裃に用いられるなど、上質な麻織りものとして脚光を浴びた。

きものの知識

染めのきもの

Dyed fabrics for Kimono

染めのきものとは、反物に織られた白生地に、後から模様や色を染めたものです。後から染めるので後染めともいい、手描き、型染、絞り染めなどが代表的な技法です。

【友禅】 *Yuzen*

◆**京友禅（京都）** Kyo-yuzen

　友禅染は、江戸時代前期から中期頃に考案された染色技法で、その技術が描き出す絵羽模様は着たときも美しく、広げたときもひとつの絵画作品のようである。振袖や訪問着に用いられる手描き友禅のほかに、型紙を使った型友禅もある。これは手描き京友禅の逸品。

◆**加賀友禅（石川）** Kaga-yuzen

　華麗で華やかな京友禅に対し、写実的で柔らかな曲線を用いた模様が特徴。加賀五彩と呼ばれる藍、臙脂、黄土、草、古代紫を基調色とし、模様の外側から内側への色ぼかしの技法が見られる。刺繍や箔を使わないところも京友禅と異なるところ。

> 絵画表現をきものに取り入れた友禅染、細密で色目の渋さが魅力の江戸小紋、沖縄の日射しに映える紅型など、染めのきものには日本の自然を表現する模様や色彩の美しさが凝縮しています。

きものの知識

【江戸小紋（東京）】 Edo-komon

◆立涌 Tatewaku

◆茶道具 Cha-dougu

◆鶴 Tsuru

◆縞 Shima

◆松 Matsu

　伊勢型紙によって細かな模様を染め上げる江戸小紋は遠目には無地に見えるが、近くで見ると高度な技で染めたさまざまな模様が浮かぶ。現代では女性に人気のきものの柄だが、もともとは武士が着用した裃（かみしも）に染められていた。将軍や大名はそれぞれ独自の柄を定めて専用としていたが、町人文化が隆盛となると、庶民の間でも吉祥文などを図案化したものが考案され、新柄も続々と作られた。

【更紗】
Sarasa

木綿の生地に人物や幾何学模様、植物、動物などのモチーフを型染やろうけつ染などで染めたもの。15世紀初期の中国・明との貿易や、室町時代末期の南蛮貿易によりもたらされたインド更紗やインドネシアのジャワ更紗などが珍重され、これらを見本として日本でも和更紗が作られた。更紗は中国では印花布、ジャワではバティックと呼ばれる。

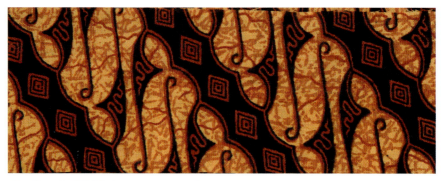

◆ジャワ更紗（インドネシア）Java-sarasa

◆江戸更紗（和更紗）Edo-sarasa

◆印花布（中国）
Inkafu

【ろうけつ染】
Roketsu-zome

正倉院に遺品が見られるほど歴史の古い染色法。生地の上に溶かしたロウで模様を防染した後、染料に浸け、乾いてからロウを落とすと模様が浮かび上がってくる。模様にロウのひび割れができるのが特徴。

カラフルなろうけつ染 Colorful style

縮緬地のシックなろうけつ染
Chic style

染めの帯
Dyed Obi

染めの技法は帯にも用いられます。ここでは紅型の名古屋帯を紹介します。

◆琉球紅型（沖縄） Ryukyu-Bingata

琉球紅型は南国情緒あふれる色と模様の、沖縄の染色品のなかで唯一の後染め。鮮やかな色のものだけでなく、琉球産の藍一色で染めた藍型（えーがた）も紅型の一種である。琉球王国の王族の礼服であるとともに舞踊衣装であったことで染めの技術の発達をうながし、日本（当時）との交易を通して友禅染や型染などの技術の影響も受けながら、沖縄ならではの染めものに成長した。

きものの知識

織りのきもの
Woven fabrics for Kimono

織りのきものは、糸を先に染めてから織るので先染めともいいます。織りのきものには無地、縞、格子などの柄のほかに、絣柄も多く見られます。紬、お召、木綿、上布などが織りの代表的なきものです。

【紬】 Tsumugi

◆村山大島紬（東京）
Murayama-Oshima-tsumugi

生糸を板締によって染め、手織りで緻密な絣柄を表す。大正時代に伊勢崎銘仙の技術者を招き、その技術の基礎を確立した。「大島」の名称は、当時名を知られていた大島紬にあやかったもの。

◆塩沢紬（新潟） Shiozawa-tsumugi

経糸に生糸か玉糸、緯糸に手紡ぎの紬糸を用いて手織りされる。手触りは結城紬のようだが、薄手でサラサラした風合いが特徴。色も藍、黒、白などを基調としている。

◆牛首紬（石川） Ushikubi-tsumugi

紬は繭を真綿にして糸を紡ぐのが一般的だが、牛首紬は繭から直接糸を引く、のべ引きという方法で行い、それによって生まれる節と光沢が特徴。草木染による淡い地色と縞柄が魅力。

同じ紬という名前がついていても、大島紬(⇨P.79)は生糸を用いているので、手紡ぎの紬糸で織られた結城紬(⇨P.79)と比べると手触りがすべすべしています。紬糸を使った紬はほっこりと温かな感じです。張りがありながら、しなやかなお召(⇨P.78)は、織りのきもののなかではいちばんドレッシーで、反対に木綿はカジュアルなきものです。蒸し暑い夏を爽やかに過ごせる上布(⇨P.81)や芭蕉布など、織りのきものには独特の質感があります。

きものの知識

◆**信州紬**（長野） Shinshu-tsumugi

　信州紬は、藍染系の縞柄を基調とした上田紬、山繭の糸で織る松本地方の山繭紬、素朴な手機(てばた)紬と白生地の飯田紬、昔ながらの技術が残る伊那(いな)紬などの総称。これは飯田紬。

◆**上田紬**（長野） Ueda-tsumugi

　信州紬のひとつで、江戸時代から大島紬、結城紬と並ぶ日本三大紬として知られる。生糸を経糸に、紬糸を緯糸にして織り、さらりとした感触が心地よく、丈夫で着やすい。

◆**郡上紬**（岐阜） Gujyo-tsumugi

　郡上八幡地方で織られていた地織りを、工芸家の宗広力三(むねひろりきぞう)氏が再興した、比較的新しい織りもの。質の良い春繭(はるこ)からとれる糸を、植物染料で染め、織り上げる。

【絣】 Kasuri

◆十日町絣（新潟） Tokamachi-kasuri

　伝統の美と現代の感覚をマッチさせた絣模様が特徴で、絹独特の艶と生地の風合いの良さで人気が高い。気軽な外出着、おしゃれ着として広く着用されている。

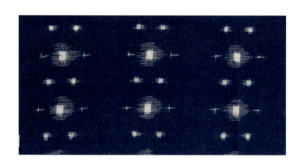

◆作州絣（岡山） Sakushu-kasuri

　城下町津山で発達した木綿の絣で、庶民の生地として愛用された。太めの木綿糸を用いて織り上げた素朴な織りもので、藍と白が織りなすシンプルな模様には懐かしいぬくもりが感じられる。

◆琉球絣（沖縄） Ryukyu-kasuri

　柄の多彩さが特徴で、その種類はおよそ600種ともいわれる。生活用具や動物、星や雲などを図案化したものが多く、泥藍で染めた木綿絣が原点だが、現在は絹を用いた鮮やかなものが主流。

【お召】 Omeshi

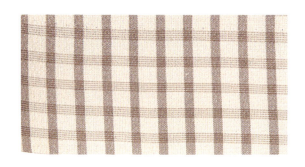

◆本塩沢（新潟） Honshiozawa

　細かなしぼが特徴の絹織りもので、塩沢お召ともいう。しぼによって肌に張り付かず、さらりとした肌触りで、細かい十字絣で構成する模様が特徴。

【木綿】 Cotton

◆銚子縮（千葉）Choshi-chijimi

　丈夫でさらりとした肌触りの木綿の縮で、縞柄が特徴。大正時代に生産が途絶えたが、1952年頃常世田真次郎氏によって復元され、現在は常世田商店のみで生産されている。

◆阿波正藍しじら織（徳島）
Awa-shoai-shijira-ori

　阿波藍で染めた糸で織る美しい縞の綿縮。しっかりしたしぼにより、肌触りが良く、夏でも涼しい着心地となる。最近は縞以外の格子や絵柄を織り込んだもの、藍以外の色のものなども見られる。

【その他】 The others

◆芭蕉布（沖縄）Basho-fu

　糸芭蕉から取った繊維を糸にして織ったもの。麻よりも繊維が堅いので軽く張りがあり、通気性に富んでいる。染料には琉球藍などの植物染料を用い、模様は絣柄が多い。

◆多摩織（東京）Tama-ori

　八王子市が産地で、お召、紬、風通、変わり綴、捩りなどの織りが見られる。渋く実用的なものが多かったが、最近では新しい感覚のデザインも。

織りの帯

Woven Obi

多色使いの豪華な西陣織、
粋でおしゃれな博多織など、
織りの帯は、
きものを一層引き立てます。

● 有職模様名古屋帯

● 名物裂「吉野間道」袋帯

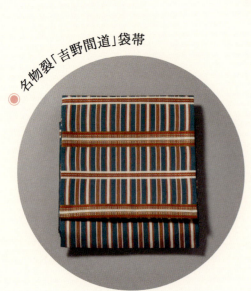

西陣織（京都）
Nishijin-ori

世界にも名の通った日本を代表する絹織りもの。織り方の種類も多種にわたり、美しく染められた色糸を使って織り出される模様は他に類を見ないほど巧みである。模様には公家の装束に用いられた有職（ゆうそく）模様や、室町時代に中国から渡った織りものを見本に織ったものなど多彩。

帯にまつわる言葉

「染めのきものに織りの帯、織りのきものに染めの帯」

訪問着など優雅な染めのきものはフォーマルな場面で着ることが多いので、西陣織などの格のある織りの帯が調和し、紬などのカジュアルな織りのきものには、優美な染めの帯を合わせると優しい雰囲気になることから、きものと帯の組み合わせ方をわかりやすく示したものです。ただし、帯にもさまざまなタイプがあるので、単純に織りか染めかで組み合わせを決めることはできません。染めのきものに染めの帯、紬のきものに献上博多などを合わせることもあります。

「きもの一枚に帯三本」

同じ一枚のきものでも、帯が三本変わることで印象が大きく違ってくるという、帯の力の大きさを物語る言葉です。

「菰（こも）を着ても錦を巻け」

菰はむしろのことで、それが転じて安価なきものでも良質の帯を結べば、きものも引き立ちますよという意味。これも帯の力の大きさを言っています。

「きものは売っても帯は残す」

帯を結ぶという行為は魂を結ぶことでもあり、帯は形見として残します。また帯は比較的体型に関係なく譲れますが、きものは人によって寸法が合わないことがあります。

きものの知識

博多織（福岡）
Hakata-ori

● 献上博多袋名古屋帯

仏具の独鈷と華皿を図案とした献上博多と、多彩色で華やかな紋織博多がある。代表的な献上博多は福岡藩主が幕府への献上品としたことからの名称で、糸の打ち込みが強いので張りがあって、締め心地も良い。

● 読谷山花織名古屋帯

読谷山花織（沖縄）
よみたんざんはなおり
Yomitanzan-Hana-ori

花織は首里などでも織られているが、かつて東南アジア諸国と直接交易していた読谷山の花織は、首里花織より色柄と技法に南方の影響が強いのが特徴。色糸で浮き出すように織り出す幾何学模様は花のように美しく、立体感がある。

● 名物裂「いちご錦文」袋帯

その他 The others

織りの帯は全国各地で織られている。これは山形県米沢のもので、優しい色使いで格式のある模様を織り上げている。

全国のおもな染織品

- ● 織り
- ● 染め
- ＊ 伝統的工芸品
  （＊ 伝統的工芸品としての名称）

〈新潟県〉
- ● 越後上布 (p.81)
- ● 塩沢紬 (p.86)＊
- ● 本塩沢 (p.88)＊
- ● 小千谷紬＊
- ● 十日町絣 (p.88)＊
- ● 小千谷縮 (p.81)＊
- ● 十日町明石ちぢみ＊
- ● 片貝木綿

〈山形県〉
- ● 置賜紬＊
  - ● 米琉
  - ● 長井紬
  - ● 白鷹紬
  - ● 白鷹お召
  - ● 草木染紬
- ● 羽越しな布＊

〈石川県〉
- ● 牛首紬 (p.86)＊
- ● 能登上布 (p.81)
- ● 加賀友禅 (p.82)＊

〈長野県〉
- ● 信州紬 (p.87)＊
  - ● 山繭紬
  - ● 上田紬
  - ● 飯田紬
  - ● 伊那紬

〈鳥取県〉
- ● 弓浜絣＊

〈岡山県〉
- ● 備後絣
- ● 作州絣 (p.88)

〈愛媛県〉
- ● 伊予絣 (p.80)

〈福岡県〉
- ● 博多織 (p.91)＊
- ● 久留米絣 (p.80)＊

〈宮崎県・鹿児島県〉
- ● 本場大島紬 (p.79)＊

〈京都府〉
- ● 西陣織 (p.90)＊
- ● 京友禅 (p.82)＊
- ● 京鹿の子絞＊
- ● 京小紋＊
- ● 京黒紋付染＊

〈徳島県〉
- ● 阿波正藍しじら織 (p.89)＊
- ● 阿波正藍染

※ここに掲載したもの以外にも多くの染織品があります。

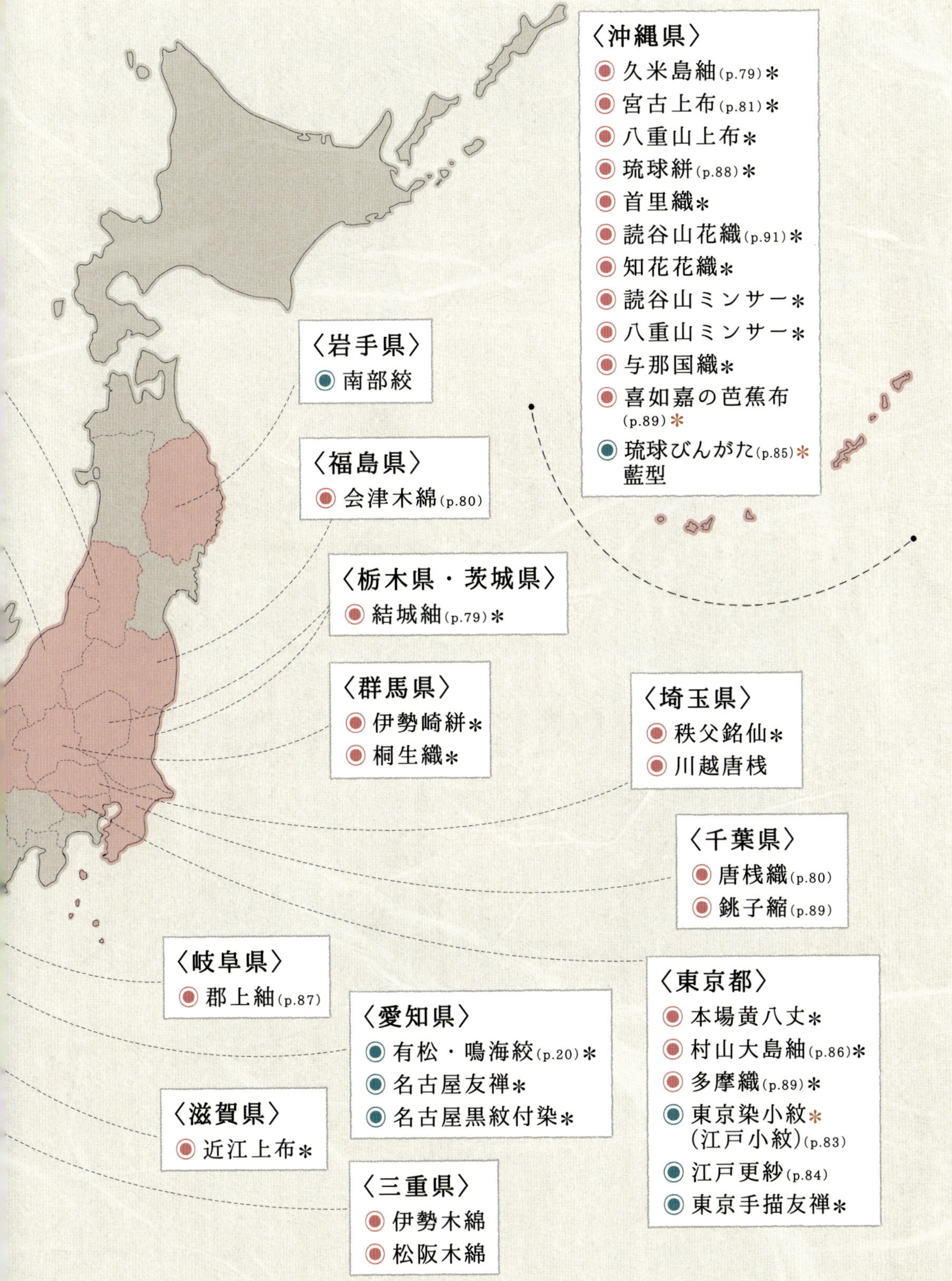

きものの知識

〈沖縄県〉
- 久米島紬(p.79)＊
- 宮古上布(p.81)＊
- 八重山上布＊
- 琉球絣(p.88)＊
- 首里織＊
- 読谷山花織(p.91)＊
- 知花花織＊
- 読谷山ミンサー＊
- 八重山ミンサー＊
- 与那国織＊
- 喜如嘉の芭蕉布(p.89)＊
- 琉球びんがた(p.85)＊ 藍型

〈岩手県〉
- 南部絞

〈福島県〉
- 会津木綿(p.80)

〈栃木県・茨城県〉
- 結城紬(p.79)＊

〈群馬県〉
- 伊勢崎絣＊
- 桐生織＊

〈埼玉県〉
- 秩父銘仙＊
- 川越唐桟

〈千葉県〉
- 唐桟織(p.80)
- 銚子縮(p.89)

〈岐阜県〉
- 郡上紬(p.87)

〈愛知県〉
- 有松・鳴海絞(p.20)＊
- 名古屋友禅＊
- 名古屋黒紋付染

〈滋賀県〉
- 近江上布＊

〈三重県〉
- 伊勢木綿
- 松阪木綿

〈東京都〉
- 本場黄八丈＊
- 村山大島紬(p.86)＊
- 多摩織(p.89)＊
- 東京染小紋＊（江戸小紋）(p.83)
- 江戸更紗(p.84)
- 東京手描友禅＊

季節のコーディネイト

春 のコーディネイト

- きもの：小桜模様江戸小紋
- 帯：お雛様模様名古屋帯

春になるといちばんに着たくなる一組。

　季節が巡ってきて、その季節に合わせたお気に入りのきものや帯を取り出すときの気分は格別です。四季のある日本だからこその醍醐味でしょう。ただ難しいのは、その季節にちなむ柄をいつ頃まで使えるかということです。おしゃれ感覚からすると、季節は先取りが基本です。

　でもあまり杓子定規に考えると、きものを着るのは大変ということにもなりかねません。フォーマルやお茶会などでなければ、自分流で装ってみてはいかがでしょう。

　また季節ごとに四季折々の柄をそろえていくのは大変です。そんなときは、季節の色を取り入れてみましょう。春なら優しいピンクや黄色など甘めの色、夏は爽やかなブルーを使って季節を演出します。手持ちのきものや帯であれこれ考えて工夫するのも、きものを着る楽しみのひとつです。

きものの知識

◆きもの：
　トルファン
　綿混紬
◆帯：
　塩瀬地早蕨模様
　名古屋帯

早春の早蕨(さわらび)たちが戯れているような姿に、万葉集の「岩ばしる垂水の上の早蕨の…」の情景が重なる。

◆きもの：更紗小紋
◆帯：縮緬地背比べ模様名古屋帯

帯のユーモラスな模様に惹かれて購入。

◆きもの：結城紬
◆帯：縮緬地紅型名古屋帯

やっと見つけた飛び柄の結城紬に南の帯を合わせて。

◆きもの：宮古上布
◆帯：絽蛍模様悠遊帯

宮古上布は義母のもの。帯はキュートな蛍柄で、これを見つけたときの喜びはまるで乙女の如し。

夏 のコーディネイト

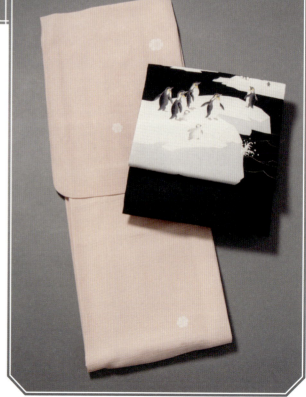

◆きもの：
　絽雪輪模様江戸小紋
◆帯：絽ペンギン模様
　名古屋帯

若やぐピンクのきものに涼し気なペンギン柄。

秋のコーディネイト

◆きもの：秋田八丈
◆帯：塩瀬地
　雀稲穂模様名古屋帯

きものは義母、帯は母のもの。

◆きもの：草木染米沢紬
◆帯：木綿更紗模様
　悠遊帯

帯はバリ島で購入した更紗を使用。アジアの布はきものと相性がいい。

きものの知識

冬 のコーディネイト

◆きもの：茶道具模様江戸小紋
◆帯：桂離宮の襖の取手模様名古屋帯
お正月のお出かけに。

きものの知識

◆きもの：米沢紬
◆帯：縮緬地
　松竹梅模様名古屋帯

きものは紅花と藍の、帯の地色は深みのある黒紫の草木染。

◆きもの：塩沢お召
◆帯：塩瀬地
　江戸おもちゃ模様名古屋帯

遊び心のある帯は、お正月が過ぎてほっとひと息の頃の出番。

帯留の楽しみ
Obidome

私は小柄で、帯の中心に帯締めを置いてみるとどうも重くなるので、徐々に細い組紐と帯留を使うようになりました。帯留は実に多くの顔を持っています。パールやエメラルドのような高価で華やかなものから七宝やガラス玉のように趣味的なものまでさまざまで、眺めているだけでも楽しくなります。

能面師の方に作ってもらった、ひょっとこ・おかめ（上）。象牙(ぞうげ)の河童はきものの展示会で一目惚れしたお気に入り中のお気に入り。

大きめのパールは結婚式などに、小ぶりなものはちょっとしたお出かけに。華やかな象牙もパーティなどにぴったり。この象牙の薔薇はペンダントを帯留にしたもの。

上左から、ひょうたん、ナス、カニ、白鳥、蝶。植物でも動物でも何でも帯留になる面白さ。カニは陶器で、生徒さんのお母さまからいただいたもの。

海外で見つけてきたブローチを帯留に。上は左からネパールのアメジスト、中国の翡翠のセミ、インドの白檀のフクロウ。中央の丸いのはロシアの、下はポルトガルのもの。

きものの知識

七宝や鼈甲(上中央)なども気軽に使っている。同じウサギのモチーフでも七宝(下左)と象牙では雰囲気に違いが。中央の赤い玉は珊瑚。

石の帯留はクールなイメージ。中央下の赤い石は佐渡の石、右下は瑪瑙。

花をモチーフにしたこれらは義母が使っていたレトロなもの。上の2点はどちらも陶器。

きものの選び方

場所や目的に合わせて

　気軽な外出着や街着なら堅苦しく考える必要はありません。着ていく場所や、目的に合わせて自分らしいコーディネートを楽しみましょう。基本的には、染めのきものは華やかさが、織りのきものにはきっぱりとした雰囲気があります。

　あらたまった雰囲気のレストランでの食事や観劇、パーティなどには染めのきものが合います。友禅、紅型、更紗など色数の多い華やかなきものはその場を明るくします。逆に無地か無地っぽいきものに個性的な帯を合わせると、賑やかなきもののなかでかえって目立ち、印象に残るかもしれません。

　気楽なお茶席なら江戸小紋や小さな飛び柄の小紋で。ショッピングや展覧会、同窓会などには紬で装うのもおしゃれです。

　着る回数が年に2、3回であれば少し良いきものをそろえ、月に数回は着たいということでしたら、染め、織り、良いもの、お手頃なものと選択肢を広げて楽しむことをお勧めします。

一色、二柄、三値頃

　きもの選びは、一番目は似合う色、二番目は好きな柄、三番目が価格だと呉服屋さんで聞きました。顔映りの良い色や柄は勿論大切ですが、買う側からすれば、三の値頃を無視するわけにはいきません。気に入った反物を購入したいと思ったとき、まずはそれに合う帯を持っているかどうかを考えます。

　またお仕立て代まで含めてトータルでの購入金額を計算してもらうことが大切です。総額が反物の2倍、3倍になってしまうことも珍しくないのがきものの世界です。

　それにしても、一色、二柄、三値頃は、高いなと思いつつも気に入ったきものや帯であればつい買ってしまうという女性の心理をよくいいあてていると思います。

きものの知識

素材の吟味も大切

　素材によってきものの質感は大きく違います。

　染めのきものはしなやかでしっとりと体に添いますが、重めの縮緬はボリュームがあるので、長時間着ていると少し垂れてきます。いつもより着丈をやや短めにして、腰紐もきつめにしておくといいでしょう。小紋に使われる一越縮緬なら着やすく、種類も多いので、用途も広く装えます。また綸子は布面に光沢があるので、華やかな席に着ていくのに向いています。

　紬、木綿、麻などの織りのきものは、染めのきものより張りがあり、着崩れもしにくいので初心者でも楽に着付けることができます。紬でも結城と大島では糸も違いますので、よく吟味して選びます。

　きものの枚数も増え、着心地の体験を積み重ねていくと、素材は色や柄とともに大切な要素であることがよくわかります。きもの仲間が集まる場では、それぞれのきものに対して「それ着やすいのよね」とか「温かいけど少し重いわ」とか、さまざまな素材の違いが話題となり、選ぶときのヒントにもなります。

重めの縮緬の光琳模様訪問着

一越縮緬の小紋

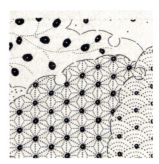
光沢のある綸子

草木染の八女の紬

全体をトータルで

　きもの、帯、帯締め、帯揚げの調和がとれているかどうかはとても大切です。とかくきものと帯だけに目がいきますが、きものと帯はぴったりでも帯締め、帯揚げをおろそかにするとせっかくの良さも半減してしまいます。

　これは洋服のセンスと同じで、例えばブラウスとスカートにどんなスカーフやアクセサリーをあしらうかでその人の着こなしが決まるように、帯締め、帯揚げも実用を兼ねた大切なアクセサリーです。

　帯揚げはきものと帯の間で色の調和を図りますし、帯締めは帯の中心にあり、目立つだけにおろそかにはできません。

色とりどりの帯締め

柄も素材もさまざまな帯揚げ

長いスパンで選ぶ

　きものは洋服ほど流行に追われることはありませんので、長いスパンで選びます。カラフルで大きな柄のきものはよほど気に入れば短い期間楽しめますが、長く着たいものは落ち着いた色合いの無地っぽいもの、飛び柄、細かい柄を選んでおくといいでしょう。20代、30代は地味、派手関係なく、帯の選び方で十分に映え、若さで着こなしてしまいます。歳をとったら相応にしっくりと着こなせます。

　40代になると20代の頃に着ていた明度の高い明るいきものや大きな柄は、着るのが気になります。60代前後からは、逆に地味な色は避けたくなります。くすんできた肌が余計くすんで見えるからです。

合繊を上手に取り入れる

　合繊（おもにポリエステル）は、洗濯機で洗える、変色しない、シワにならない、虫やカビの心配がないなどの利点があります。反面、汚れを呼んでしまう、静電気が起きやすい、冬は冷たく、夏は暑いなどのマイナス面も見られます。

　着付けのお稽古に高価なきものを持ってこられたりすると、汗などで汚さないかハラハラします。上達するまでは合繊のきもので十分ですし、旅行などにはシワにならず、汚れても洗えるのでかえって便利です。

　「友人の結婚式に出席した後の二次会で、着ていた訪問着をポリエステルのきものに着替え、半幅帯を結んでいくと思いっきり楽しめます」と、生徒さんから聞いたことがあります。正絹の訪問着だと自分もまわりも気を使って、飲んだり、食べたりをセーブしてしまうのだそうです。

　ポリエステルも最近は進化して、見た目も着心地も絹と同じようなものも出てきました。合繊と正絹、上手に使い分けましょう。

きものを見る目を養う

　よく呉服屋さんにひとりで入るのは怖い、売りつけられそう、という声を聞きます。それはきものについての知識がないため、うまく対応できないからです。こちらにある程度きものの知識があれば、店員さんの方の対応も違ってきます。

　ではきものを見る目はどうやって養えばいいのでしょうか。私がいちばんお勧めするのは、デパートなどで開催される全国の物産展です。その地域の染織品を扱っているお店で反物などを見せてもらい、どういう特色があるのか、値段の差はどこにあるのか、など親切に答えてもらえることが多いです。またデパートの呉服売り場は、無理に売りつけたりされることはなく、気楽に見ることができます。また、わからないことも聞けば教えてもらえます。きもの仲間と一緒に勉強する気持ちで出かけてみてはどうでしょう。

着付け教室にて

お正月にお父さんが

　毎年12月の最後のおけいこの日に、「みなさん、せっかく着付けを習っているのですからお正月には是非きものを着てくださいね。そして感想を聞かせてください」と伝えます。また遠方のご実家に帰省される若い人たちには、きものを着てご両親に美味しいお茶を入れてあげてくださいとも。

　年が明け、最初のおけいこの日、ひとりの生徒さんから報告がありました。「私、きものを着て父にお茶と、買っていったお煎餅を出しました。そうしたら『うん…』と言っただけで、そっけない反応にがっかりでした。でも東京に戻る日の朝、『あれにきものを買ってやれ』と母に言ってくれたそうです」。

　それを聞いていた別の生徒さんは、次の年に「私なんかきものを着てお父さんにお酌してあげたのに、『いいな、いいな』と言うばかりで、きものを買ってやろうとはなりませんでした」と、その場の笑いを誘ってくれました。

はじめてのお正月のきもの

　もうひとり、お姑さん、ご主人、高校生の娘さん、中学生の息子さんの5人家族の主婦でもある生徒さんの報告も。ご家族には内緒にして、嫁いでからはじめて元旦にきものを着てみようと思ったそうです。除夜の鐘を合図に近くの氏神さまに行くのが習わしでしたが、お正月の準備が残っているからと送り出し、事前に用意しておいたきものに夢中で着替え、ほっとしたところにみなが戻ってきました。

　全員、今まで見たことのないお母さんのきもの姿に「いいね」と言ってくれたそうですが、なかでも普段無口な中学生の息子さんが「母さん、綺麗だよ」と言ってくれたことにびっくり。

　また日頃はめったに誉めないお姑さんが、「やっぱりお正月はきものがいいわね」と、優しい眼差しを向けてくれたそうで、息子さんの一言、お姑さんの眼差しと、思いがけない反応に照れながらも、すごく嬉しかったというエピソードを披露してくれました。

成人式のきもの

　お正月のことばかりではなく、エピソードはいくらでもあります。成人式の着付けを頼まれた生徒さんのことです。「母は結納のときに、新しく作ってもらった振袖に、祖母が嫁入りのときに持ってきた丸帯を結んだそうです。今日の成人式には、私もそのときの一式で装います」と。

「まあ、いいこと。おばあさまもお母さまも、あなたがこの振袖を着た姿をご覧になったらどんなにか喜ばれるでしょうね」と、お着せしながら私も嬉しくなってきました。祖母、母、娘と親子三代に受け継がれるきものと帯、それぞれの思いも寄り添い、生き続けることでしょう。

〈 きものの手入れ 〉

 風を通す

　帰宅したら、脱いだきものと襦袢をハンガー（できればきもの用）に掛け、半日くらい風を通します。帯、帯締め、帯揚げ、腰ひもなども軽くしわを伸ばし、室内で干しておきましょう。体温や湿気が残っているうちは決して片付けないように。

 しみや汚れをチェック

　自分でできるもの、できないものを選別して、自分でできないものはなるべく早く専門店に出します。しみや汚れは時間が経つほど落ちにくくなります。

 虫干し

　湿度の少ない季節(11月～2月頃まで、または梅雨明け)を選びます。部屋を開け放し、風の通る方向に沿って綱を渡し、きものや帯を掛けます。くれぐれも直射日光にはあてないように。綱を掛ける場所がない場合きは、きものハンガーを使い風通しの良いところに掛けます

 小物の手入れ

　帯締めの房は薄紙かラップで巻いておきます。房が乱れていたら沸騰しているヤカンの口にあてるか、スチームアイロンの蒸気をあて、くしでとかして整えます。
　帯揚げは絞りのもの以外はアイロンをあて、しわを伸ばします。
　足袋は鼻緒のあたるところと、底の汚れは洗剤をつけ歯ブラシなどでこすってから洗濯機に入れるとよく落ちます。

 ほこりを取る

　タオルや化粧用パフできもの全体を払います。または衿先を持ち身幅を広げて表を出し、戸外に向けてほこりを払います。ほこりは蓄積されると汚れになりますから、着た後のお手入れとして習慣にするようにしましょう。

〈 きもののたたみ方 〉

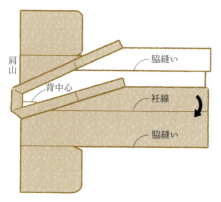

1. 肩山を左にしてきものを広げ、手前の脇縫いを縫い目に沿って折る。

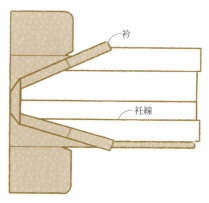

2. 衿を内側に織り、衽線から手前に折り返す。

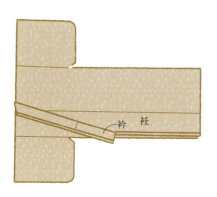

3. 下前の衽の上に上前の衽を重ね、衿から裾までも同じように重ねる。

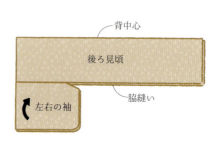

4. 上前の脇縫いを下前の脇縫いに重ねて、袖も重ねる。

5. 左袖を袖付けの部分で身頃の方に折り返す。

6. 衿先に掛からないところで身頃を折り返す。

7. 右袖を反対側に折り返す。

〈 襦袢の たたみ方 〉

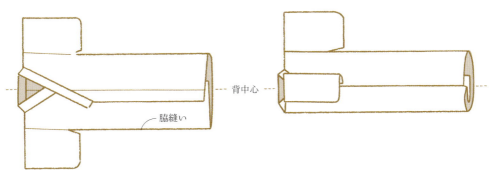

1. 肩山が左になるように置き、下前を下に、上前を上にする。

2. 下前の脇縫いが背中心にくるように折り、右袖は外側に折る。

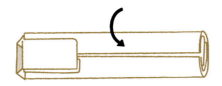 

3. 上前も同じように折り、左袖を外側に折り返す。

4. 丈を半分に折る。

〈 名古屋帯の たたみ方 〉

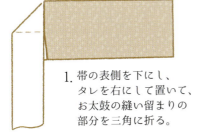 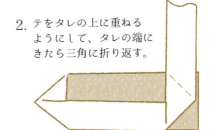

1. 帯の表側を下にし、タレを右にして置いて、お太鼓の縫い留まりの部分を三角に折る。

2. テをタレの上に重ねるようにして、タレの端にきたら三角に折り返す。

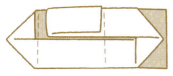

3. テ先は少し折り返す。柄が折り目に掛からないように確認を。

4. 左側の三角の部分を内側に折りたたみ、タレをかぶせる。

きものの知識

〜 おわりに 〜

　私はきものの仕事に携わり体験を積み重ねていくうちに、豊かで美しい日本の文化の一端を知ることができました。しかし現在きものを取り巻く状況は決して良いとはいえません。ここ数十年、きもの産業は下降線をたどり、1970 年に 15 万人いたとされる染織の職人さんは、10 年前には 2000 人を割るまで激減し、高齢化も進んでいます。
　そこには、呉服業界の売り上げの落ち込みが絡んでいます。その原因のひとつは、きものの価格が不透明なシステムになっていることです。その結果、呉服屋さんには怖くて入れないという認識を、消費者に植えつけてしまいました。きもの離れは生産量の減少に繋がります。作っても売れなければ経験豊かな職人さんは後継者を育てるどころか、縮小か、廃業に追い込まれるのです。
　もうひとつの要因は、便利でシンプル、何ごとにもスピード優先の現代の生活に、きものが対応できなくなってきていることです。多すぎる下着の数、慣れないと難しい着付けや帯結び、衣更えや TPO、お手入れと何やら面倒なことばかりで、そのうえ高価となれば、きもの離れは加速します。家庭のなかで、日常的に祖母や母が着ていた時代は、きものの着方や知識を教わり、きものも帯も受け継ぐことができました。しかし、残念ながら現在ではそのようなことは稀です。
　このような現状に私は危機感を持っていますが、全国にはまだ 100 種類以上の染織品があります。職人さんたちの技と根気によって生み出されたそれらは実に多様です。独自に創作している作家さんの作品も含めて、それぞれが異なった個性を持った染織品は、きものや帯として女性を魅了し続けているのです。

　かつてきものは、喜びや悲しみも包み込み、私たちの生活とともにありました。おふくろの味が娘に伝わるように、もう一度きものも日々の暮らしのなかで受け継がれてほしいと切に願っています。
　私の手元には母と義母から譲り受けたきものや帯があり、60 年前のそれらを今 70 代の私が着ています。そのきものと帯を身に着けるとき、鏡には二人の母の姿が映って見えます。
　まずきもの一式を、身近にいるお母さまやお祖母さま、あるいはご親戚から譲ってもらったり、お借りして、袖を通して着てみてください。そこからがあなたのきものワールドのはじまりです。

〜 謝　辞 〜

この本の制作にあたり、以下の方々にご協力を賜りました。
深く感謝申し上げます。

石川紀子／甲斐祐子／神田文子／菊池理予／窪田登志美／中山久実／
難波由美子／西田佐紀子／堀田季何／町田千秋

（五十音順・敬称略）

著者　　二階堂永子（にかいどう　えいこ）

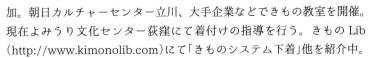

1940年東京生まれ。二階堂永子きもの学院主宰。1971年装道きもの学院卒業。1980年全日本きものコンサルタント協会1級コンサルタント取得。1999年実践女子大学大学院文学研究科美術史学専攻修士課程修了。海外（フィリピン・タイ・台湾・フランス）における茶道ときものの文化交流に参加。朝日カルチャーセンター立川、大手企業などできもの教室を開催。現在よみうり文化センター荻窪にて着付けの指導を行う。きものLib（http://www.kimonolib.com）にて「きものシステム下着」他を紹介中。

イラスト	岡田知子
写　真	中田信夫
英　訳	横須賀育子
デザイン	三枝優子
編　集	関橋眞理（オフィスKai）

浴衣からきもの へ
きものをもっと気軽に楽しく

2016年9月15日　初版第1刷発行

著　者　　二階堂永子

発行者　　渡辺弘一郎

発行所　　あっぷる出版社
〒101-0064 東京都千代田区猿楽町2-5-2
TEL 03-3294-3780　　FAX 03-3294-3784
http://applepublishing.co.jp

印　刷　　モリモト印刷

定価はカバーに表示されています。落丁本・乱丁本は取り替えいたします。
本書のコピー、スキャン、デジタル化等の無断複製は著作権法上での例外を除き禁じられています。

©Eiko Nikaido 2016 Printed in Japan